Deutscher
Tennis Bund

# Tennis-Lehrplan 3

## Technik: Situationen und Variationen

Neuausgabe

BLV Verlagsgesellschaft
München Wien Zürich

Bearbeitet durch:

Rüdiger Bornemann
Prof. Dr. Hartmut Gabler
Jock Reetz
Richard Schönborn

Demonstration der
Schlagtechniken:

Manfred Gürtner
Claus Marten
Stefan Schaffelhuber

**Bildnachweis:**
Fotoarchiv Adidas Seite 2
Dieter Birkner Seite 8, 12, 13, 14, 18, 19, 24, 28, 29, 36, 44, 46, 51, 54, 56, 62, 74, 78, 85, 86, 87
Jürgen Kemmler Seite 10/11, 16/17, 22/23, 26/27, 32/33, 36, 38,39, 42/43, 48/49, 52/53, 58/59, 64/65, 66, 68, 70/71, 73, 82, 84, 90/91, 92/93, 94/95
Richard Schrade Seite 24, 28, 80
Titelfoto: Klaus Ott
Grafiken: Barbara von Damnitz



Gesamtherstellung: Ludwig Auer, Donauwörth
Printed in Germany · ISBN 3-405-12790-4

CIP-Kurztitelaufnahme der Deutschen Bibliothek

**Tennis-Lehrplan** / Dt. Tennis Bund. – München; Wien; Zürich: BLV Verlagsgesellschaft
Bis 1981 bearb. durch d. Komm. für Lehrarbeit, Dt. Tennis Bund, DTB, Verb. Dt. Tennislehrer, VDT. – Teilw. mit d. Erscheinungsorten München, Bern, Wien

NE: Deutscher Tennis-Bund; Deutscher Tennis-Bund / Kommission für Lehrarbeit

3. Technik: Situationen und Variationen / [bearb. durch Rüdiger Bornemann . . .]. – 5., völlig neubearb. Aufl., Neuausg. – 1984.
ISBN 3-405-12790-4

NE: Bornemann, Rüdiger [Mitverf.]

# Inhalt

# Vorwort

Der Deutsche Tennis Bund umfaßt zur Zeit ca. 1,6 Millionen Mitglieder, und die weitere Entwicklung ist nach wie vor ansteigend. Von diesen Mitgliedern betreiben fast alle ihren Sport aktiv und mit Begeisterung. Denn der Tennissport ist eine faszinierende Sportart. Doch für viele ist er zugleich auch technisch unerwartet schwierig. Auf allen Leistungsebenen – von der einfachen Übungsstunde über die Clubmeisterschaften und Verbandsspiele bis hin zum Spitzentennis – besteht deshalb ein großes Interesse daran, diese schwierige Technik zu verbessern, um noch erfolgreicher spielen zu können und dadurch noch mehr Freude am Tennis zu haben.
Der Deutsche Tennis Bund hat daher seine Lehrarbeit in den letzten Jahren stark intensiviert und auf eine breitere Basis gestellt. In diesem Rahmen sind auch die Neuausgaben der auf den neuesten Erkenntnissen beruhenden Tennis-Lehrpläne zu sehen. Sie sollen jedoch nicht nur die Grundlage für die Lehrarbeit der Übungsleiter, B- und A-Trainer darstellen, sondern auch allen Interessierten, vom Anfänger über den Fortgeschrittenen zum Turnierspieler, helfen, mehr vom Tennis zu verstehen und ihr Spiel zu verbessern.

Die Lehrpläne wurden von Autoren erstellt, die nicht nur die Kommission Lehrarbeit und den Sportwissenschaftlichen Beirat des Deutschen Tennis Bundes vertreten, sondern auch in der Tennislehrerausbildung mitwirken und somit Praxis und Theorie gut miteinander verbinden.
Ich wünsche den beiden Bänden eine gute Resonanz, danke dem Verlag und insbesondere den Autoren für das große Engagement, das sie bei der vorliegenden völligen Neubearbeitung aufgebracht haben.

*Walther Rosenthal*

Präsident des
Deutschen Tennis Bundes

# Einleitung

Das wichtigste Ziel dieses und des Bandes 2 des Lehrplans ist es, dem Lehrenden, aber auch dem Lernenden die Tennistechnik nicht nur möglichst umfassend zu beschreiben, sondern auch zu erklären. Die Tennistechnik zu erklären heißt, Verständnis für den Ablauf der Schlag- und Laufbewegungen zu vermitteln und Grundlagen für methodische Überlegungen bei Bewegungsaufgaben und Bewegungskorrekturen zu liefern. Deshalb enthält der Band 2 auch ein relativ umfangreiches Kapitel über bewegungstheoretische Grundlagen und deshalb sind die einzelnen Elemente jeder Technik auch ausführlich begründet.
Durch dieses Bemühen, möglichst viel Einsicht in die Zusammenhänge der Tennistechnik zu vermitteln, ist es zu einem Schema der Darstellung gekommen, das absichtlich inhaltliche Wiederholungen und Überschneidungen mit sich bringt.
Wir sind davon ausgegangen, daß Lehrpläne in der Regel nicht von vorne bis hinten durchgelesen, sondern eher im Sinne eines Handbuchs benützt werden, das man je nach Unterrichtsziel und Fragestellung zur Hand nimmt, so daß diese Wiederholungen und Überschneidungen für das Verständnis einzelner Kapitel des Buches notwendig sind.
Die Lehrpläne sind völlig neu bearbeitet worden. Dies hängt weniger mit der Entwicklung der Tennistechnik zusammen, sondern vor allem mit der zunehmenden Erkenntnis, daß es im Unterricht wichtig ist, zwischen den Teilen der Bewegung zu unterscheiden, die generell eher richtig bzw. eher falsch sind und jenen, in denen der persönliche Stil besonders zum Ausdruck kommen kann. Wenngleich die mit den Bildreihen verbundenen Texte die empfohlene Bewegungsausführung darstellen, so wird deshalb doch auch eine Vielfalt von Bewegungsspielräumen zugelassen. Nicht zuletzt zeigen auch die Weltklassespieler, wie sehr es auf der Grundlage einer soliden Technik auf den persönlichen Stil ankommt. Die Anwendung dieser Spielräume im Unterricht unter Berücksichtigung der individuellen Bedingungen des Schülers macht das Unterrichten interessant, aber auch schwierig, und zeigt noch einmal deutlich, warum die jeweiligen Begründungen so wichtig sind.
Der Einfachheit und Übersichtlichkeit wegen beziehen sich alle Bewegungsbeschreibungen, soweit dabei Richtungen oder Körperseiten relevant sind, auf Rechtshänder; Linkshänder müssen entsprechend umdenken.
Band 2 und Band 3 des Lehrplans sind als Einheit zu sehen. Im Band 2 werden die bewegungstheoretischen Grundlagen und die Grundtechniken dargestellt. Im Band 3 werden Techniken behandelt, die zum einen (z. B. im Hinblick auf den gewünschten Drall) als Variationen der Grundtechniken zu verstehen sind, aber auch als Techniken, die in den verschiedenen Situationen des Spiels, in denen die Spieler unterschiedliche räumliche Positionen und Ziele haben, angewandt werden.
Wenngleich wir uns bemüht haben, möglichst viele Erkenntnisse der Praxis und der Theorie zu verarbeiten, so sind wir uns doch auch sicher, daß manches nach wie vor offen und diskutabel ist. Wir erhoffen uns deshalb nicht nur, daß die Bände auf ein großes Interesse stoßen und für viele eine wichtige Hilfe für ihren Unterricht darstellen, sondern auch, daß die gemeinsame Diskussion weiter angeregt wird.

*Rüdiger Bornemann*
*Hartmut Gabler*
*Jock Reetz*
*Richard Schönborn*

# Technikvariationen

## Topspin – Vorhand und Rückhand

In welchen Situationen und mit welchen Absichten wird die Technik angewandt, wie ist der Ballflug?

### Situationen

- Topspin – Vorhand und Rückhand werden zumeist vom Grundlinienbereich, auch aus dem Mittelfeld geschlagen.

### Absichten

- Der Ball soll zumindest etwa auf der T-Linie, wenn möglich zwischen der T- und Grundlinie, aufspringen, so daß der Gegner dadurch gezwungen ist, den Ball ebenfalls im Grundlinienbereich zurückzuschlagen (1)
- Der Ball soll aus Sicherheitsgründen im Spiel gehalten werden
- Wenn ein Topspin lang ist, dann wird der Gegner in besonderem Maße in Bedrängnis gebracht; er wird nämlich aufgrund des relativ hohen und schnellen Abspringens des Balles weit hinter die Grundlinie abgedrängt; bleibt er an der Grundlinie, dann ist es schwierig, den Ball unter Kontrolle zu bringen

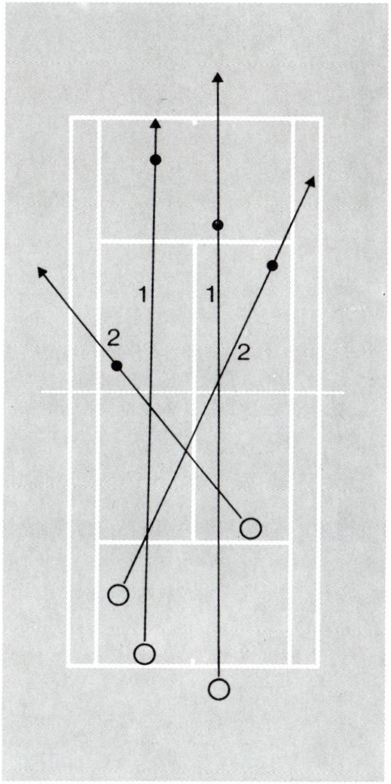


- Der Ball kann aus dem Mittelfeld so geschlagen werden, daß er extrem cross fliegt und den Gegner aus seinem Feld hinaustreibt (2)
- Bei einem gegnerischen Netzangriff kann diese Technik auch als Passierschlag verwandt werden; dies gilt neben dem üblichen Longline- vor allem auch für den Cross-Passierschlag; aber auch direkt auf den Gegner und tief gespielte Topspinbälle können von diesem nur schwer – da sie unterhalb der Netzhöhe zu treffen sind – als Flugball oder als Halbflugball zurückgespielt werden.

### Ballflug

- Der Ball soll mit starkem Vorwärtsdrall und stark gekrümmter Flugbahn fliegen.

Abb. 1: Absichten

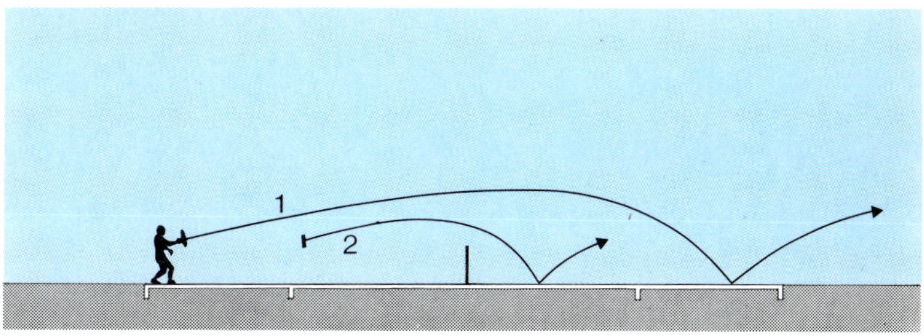


Abb. 2: Ballflug

1 2 3 4 5 6
Abb. 3

## Topspin – Vorhand

Wie sehen die Aktionen des Spielers beim Topspin-Vorhand aus, damit er den gewünschten Ballflug verwirklichen kann, und wie lassen sie sich begründen?

**Kennzeichen der Hauptaktion innerhalb der Schlagphase**

- Der Schläger, insbesondere der Schlägerkopf, wird zur Erzielung des gewünschten starken Vorwärtsdralls vorwärts-steil aufwärts gegen den Ball geschwungen (Bild 5–7)
- Die Treffstrecke ist relativ kurz und vorwärts-steil aufwärts gerichtet
- Die Geschwindigkeit der Schlägerbewegung muß sehr hoch sein, damit der Ball den gewünschten starken Vorwärtsdrall erhält
- Der Ball wird seitlich und vor der vorderen Hüfte mit senkrechter Schlagfläche und fixiertem Handgelenk getroffen (Bild 7), um eine optimale Energieübertragung zu erzielen.

7 8 9 10 11 12

**Kennzeichen der Hilfsaktionen**

**Ausholphase**

- Zu Beginn der Ausholphase, d. h. in der Ausgangsstellung, wird der Schläger mit Eastern-griff gefaßt, so daß die Schlagfläche beim Treffen senkrecht gestellt und eine optimale Energieübertragung erzielt werden kann
- Das rechte Bein, das bei der Schlagbewegung als Abdruckbein (»Stemmbein«) benutzt wird, wird über einen Drehschritt zur Seite voll belastet (Bild 1–3); durch kraftvolles Strecken des Beines wird das schnelle Hochschwingen des Schlägers in der Schlagphase begünstigt
- Der Oberkörper wird zurückgedreht, der Schläger wird mit fließendem und ausgeprägt bogenförmigem Übergang zur Schlagphase zurückgeführt (Bild 2–4), damit die Gesamtbewegung flüssig bleibt
- Der Körperschwerpunkt wird durch betontes Beugen der Knie und Belasten des rechten Beines nach unten verlagert (Bild 3) und der Schlägerkopf wird im Übergang zur Schlagphase tief gesenkt (Bild 4, 5), damit vor allem die Schlägerspitze in der Schlagphase steil aufwärts geschwungen werden kann.

**Schlagphase**

- Bereits beim fließenden Übergang zwischen Aushol- und Schlagphase beginnt aus der mehr oder weniger offenen Schlagstellung die explosive Beinstreckung, wobei das rechte Bein, d. h. das schlagarmnahe Bein, das kraftvolle Abdrücken vom Boden bewirkt (Bild 5–7)
- Der Oberkörper dreht sich zugleich mit der Schlagbewegung in die frontale Stellung nach vorne (Bild 4–7), so daß der Schläger nicht nur steil aufwärts, sondern auch – im Interesse einer optimalen Energieübertragung – vorwärts geschwungen werden kann.

**Ausschwungphase**

- Die steile Vorwärts – Aufwärtsbewegung des Schlägerkopfes wird in der Richtung der Treffstrecke fortgesetzt (Bild 8–10); dadurch klingt zum einen der Schlag aus, zum anderen zeigt dies, daß in der Schlagphase eine optimale Treffstrecke durchgeführt wurde
- Abschließend schwingt der Schläger zur linken Körperseite hin aus, dabei erfolgt eine Gewichtsverlagerung auf das linke Bein. Beide Aktionen, Armbewegung und Gewichtsverlagerung, ergeben sich durch die Bewegungen in der Schlagphase, d. h. durch das ,,Stemmen" vom hinteren Bein und gleichzeitige Drehung des Oberkörpers.

**Bewegungsspielräume mit ihren Vor- und Nachteilen**

**Ausholphase**

- Die *Ausprägung des Vorhandgriffs* ist individuell verschieden (siehe Band 2, S. 21 f.); die typischen Topspinspieler neigen eher zum Westerngriff
- Für die *Schleife* gibt es eine Reihe individueller Ausführungsvarianten. Häufig wird die Ausholbewegung durch Hochführen des Ellbogens steil nach hinten-oben eingeleitet (Abb. 4)
- Auch die *Stellung* variiert häufig; sie ist um so offener, je mehr der Westerngriff benutzt wird, je größer der körperliche Einsatz ist, je mehr der Ball cross geschlagen werden soll und je mehr der Schlag als Ausgangsschlag für einen Angriff zum Netz beabsichtigt ist (Abb. 5); sie kann jedoch auch dann eher seitlich sein, wenn der Ball longline geschlagen werden soll (Abb. 6)
- Individuell ausgeprägt ist auch der *zeitlich-dynamische Ablauf,* insbesondere beim Übergang zwischen dem Zurückführen des Schlägers in der Ausholphase und seiner Beschleunigung in der Schlagphase.

Abb. 4: Hochführen des Ellbogens

Abb. 5: Offene Stellung

Abb. 6: Seitliche Stellung

Abb. 7: Strecken des Stemmbeins

Abb. 9: Drehen des gestreckten Schlagarms

Abb. 8: Gebeugter Schlagarm

**Schlagphase**

- Manche Spieler *strecken das Stemmbein* so explosiv, daß sie sich bereits kurz nach dem Treffen mit beiden Beinen in der Luft befinden (Abb. 7)
- Die Schlagbewegung kann durch eine mehr oder weniger dynamisch ausgeprägte *Oberkörperbewegung* unterstützt werden
- Mit zunehmend kraftvollem Einsatz des Unterarms zur Erhöhung der Schlaggeschwindigkeit kann der *Arm* im Verlauf der Schlagbewegung mehr oder weniger stark *gebeugt* werden (Abb. 8)
- Beim Schlag mit *gestrecktem Arm* erfolgt die schnelle und steile Aufwärtsbewegung des Schlägerkopfes hauptsächlich durch Drehen des Armes (Abb. 9).

**Ausschwungphase**

- Bei starkem Einsatz des Unterarms in der Schlagphase erfolgt ein *frühes und enges Abkippen des Schlägers* zur linken Seite (»Scheibenwischer-Bewegung«)
- Der Schläger kann *über die Schlagschulter* ausgeschwungen werden (Abb. 10). Dieser Topspin wird im allgemeinen bei tiefem Treffpunkt geschlagen.

Abb. 10: Ausschwung über die Schlagschulter

**Häufige Mängel und Fehler**

**Ausholphase**

▽ *Kein Eastern- oder Westerngriff;* dadurch ist keine optimale Energieübertragung möglich

▽ *Keine oder nur geringe Oberkörperdrehung* (Abb. 11); dadurch wird die Ausholbewegung räumlich stark begrenzt

▽ *Geringes Beugen der Knie;* hierdurch wird die Bewegungsbeschleunigung beeinträchtigt

▽ Eine *übertrieben seitliche Stellung* (Abb. 12); dadurch wird die Belastung und Beugung des rechten Beines erschwert und die Oberkörperdrehung in der Schlagphase beeinträchtigt.

**Schlagphase**

▽ *Kein tiefes Senken des Schlägerkopfes* unter den späteren Treffpunkt; dadurch kann der Schläger nicht steil vorwärts-aufwärts geschwungen werden

▽ *Sehr frühes Strecken* der Beine; dadurch wird die Bewegungskopplung des Schlagablaufs (siehe Band 2 S. 14 und 25) gestört

▽ *Rücklage;* dadurch wird der Schläger zu steil hochgeschwungen, so daß die Vorwärtsbewegung des Schlägers weitgehend entfällt und der Ball zu kurz wird

▽ *Geringe Beschleunigung des Schlägers,* insbesondere der Schlägerspitze; dadurch erhält der Ball nicht genügend Vorwärtsdrall

Abb. 11: Zu geringe Oberkörperdrehung

Abb. 12: Übertrieben seitliche Stellung

Abb. 13: Schlagen aus dem Schultergelenk

▽ *Schlagen ausschließlich aus dem Schultergelenk* mit gestrecktem Arm (Abb. 13); dadurch kann keine optimale Beschleunigung des Schlägers erzielt werden

▽ *Vom Körper sehr entferntes bzw. körpernahes Treffen des Balles;* dadurch wird der Körpereinsatz vermindert

▽ *Keine Fixation des Handgelenks beim Treffen* des Balles; dies verschlechtert die Kontrolle beim Treffen erheblich.

**Ausschwungphase**

▽ *Sehr kurze Ausschwungbewegung;* dies ist ein Zeichen dafür, daß der Schwungeinsatz schon in der Treffstrecke gebremst wurde oder überhaupt nicht genügend vorhanden war.

1 2 3 4 5 6
Abb. 14

## Topspin – Rückhand

Wie sehen die Aktionen des Spielers beim Topspin-Rückhand aus, damit er den gewünschten Ballflug verwirklichen kann, und wie lassen sie sich begründen?

**Kennzeichen der Hauptaktion innerhalb der Schlagphase**

- Der Schläger, insbesondere der Schlägerkopf, wird zum Erzielen des gewünschten starken Vorwärtsdralls vorwärts-steil aufwärts gegen den Ball geschwungen (Bild 7–9)
- Die Treffstrecke ist kürzer als beim Grundschlag-Rückhand und vorwärts-steil aufwärts gerichtet
- Die Geschwindigkeit der Schlägerbewegung muß sehr hoch sein, damit der Ball den gewünschten starken Vorwärtsdrall erfährt
- Der Ball wird seitlich und (im Vergleich zum Topspin-Vorhand) weiter vor dem Körper, mit fixiertem Handgelenk und senkrechter Schlagfläche getroffen (Bild 9), um eine optimale Energieübertragung zu erzielen.

**Kennzeichen der Hilfsaktionen**

**Ausholphase**

- Die Ausholbewegung wird eingeleitet, indem die linke Hand den Schläger am Schlägerhals zurückführt (Bild 1, 2), damit die Ausholbewegung stabilisiert und der Oberkörper weiter zurückgedreht werden kann
- Zu Beginn der Ausholphase wird der Schläger mit dem Continentalgriff gefaßt, so daß die Schlagfläche beim Treffen senkrecht gestellt und eine optimale Energieübertragung erzielt werden kann
- Der Oberkörper wird stark zurückgedreht; es wird eine ausgeprägte seitliche Stellung eingenommen, so daß die rechte Rückenhälfte zum Netz zeigt (Bild 5); dadurch wird das beschleunigende Armschwingen in die Schlagrichtung unterstützt; dabei sollen die Füße

7 8 9 10 11 12

zur Verbesserung des Gleichgewichts über Hüftbreite auseinander sein

- Der Schläger wird mit fließendem, bogenförmigem Übergang zur Schlagphase zurückgeführt (Bild 2–4), damit die Gesamtbewegung flüssig bleibt, und er wird gesenkt, damit vor allem die Schlägerspitze in der Schlagphase steil aufwärts geschwungen werden kann (Bild 5–7); im Unterschied zum Topspin-Vorhand ist die Schleife kleiner
- Der Körperschwerpunkt wird durch betontes In-die-Knie-Gehen und Belasten des rechten Beines nach unten verlagert.

**Schlagphase**

- Der Schlägerkopf wird in der Schlagphase steil aufwärts geschwungen (Bild 8, 9)
- Die Beine, insbesondere das vordere »Stemmbein«, werden zur Unterstützung der steilen Aufwärtsbewegung gestreckt (Bild 5–9)
- Das Körpergewicht bleibt auf dem vorderen Bein verlagert, der Oberkörper wird nur so weit gedreht, bis die Schulterachse in die Schlagrichtung zeigt
- Die seitliche Fuß- und Körperstellung wird über den Treffpunkt hinaus beibehalten (Bild 10–12), damit die ideale Treffstrecke erzielt werden kann
- Der Ball wird mit gestrecktem Arm getroffen (Bild 9), wobei die Streckung erst kurz vor dem Treffpunkt erfolgt.

**Ausschwungphase**

- Die steile Aufwärtsbewegung des Schlägers wird zunächst in Richtung der Treffstrecke fortgesetzt (Bild 10, 11); dadurch klingt zum einen der Schlag aus, zum anderen garantiert dies eine in der Schlagphase optimal durchgeführte Treffstrecke
- Am Ende der Ausschwungphase dreht sich der Körper als Folge der kraftvollen und schnellen Schlagbewegung nach vorne, so daß sich eine leicht offene Stellung ergibt.

## Bewegungsspielräume mit ihren Vor- und Nachteilen

### Ausholphase

- Die *Ausprägung des Continentalgriffs* ist individuell verschieden (siehe Band 2, S. 22); manche typischen Topspinspieler neigen zu einem extremen Continentalgriff
- Für die *Schleife* gibt es eine Reihe individueller Ausführungsvarianten
- Individuell ausgeprägt ist auch der *zeitlich-dynamische Ablauf,* insbesondere beim Übergang zwischen dem Zurückführen des Schlägers in der Ausholphase und seiner Beschleunigung in der Schlagphase.

### Schlagphase

- Manche Spieler *strecken das Stemmbein* so explosiv, daß sie sich bereits kurz nach dem Treffen mit beiden Beinen in der Luft befinden
- Bei starkem Einsatz des Unterarms in der Schlagphase und bei extremem Continentalgriff ist der *Arm* zur Erhöhung der Schlaggeschwindigkeit und zur Intensivierung der steilen Aufwärtsbewegung im Treffpunkt mehr oder weniger stark *gebeugt;* diese Variante erfordert allerdings sehr viel Kraftaufwand im Unterarm.

◁

Abb. 15: Ausschwung hinter der Schlagschulter

▷

Abb. 16: Ausschwung bei extremem Continentalgriff

### Ausschwungphase

- Wenn der Körpereinsatz in der Hauptaktion sehr groß ist, kann dies zu einer offenen Stellung führen und zu einer Ausschwungbewegung, bei der der Schläger am Ende der Ausschwungphase *hinter der Schlagschulter* ausschwingt (Abb. 15)
- Bei starkem Einsatz des Unterarmes in der Schlagphase kann ein *Abkippen des Schlägers* zur rechten Seite hin erfolgen (»Scheibenwischerbewegung«), wobei sich der Oberkörper mehr oder weniger stark nach hinten beugt
- Bei extremem Continentalgriff und dadurch bedingtem sehr frühem Treffpunkt wird die *Bewegung des Armes* auch in der Ausschwungphase *in Schlagrichtung fortgesetzt,* wobei der Winkel zwischen Unterarm und Schläger nahezu konstant bleibt (Abb. 16); diese Form des Ausschwingens ist ein Zeichen dafür, daß eine ausreichende Treffstrecke gegeben war.

## Häufige Mängel und Fehler

### Ausholphase

▽ *Kein Continentalgriff;* dadurch kann die Schlagfläche beim Treffen nicht senkrecht gestellt werden und es ist keine optimale Energieübertragung möglich

▽ *Keine oder nur geringe Oberkörperdrehung und zu kurze Ausholbewegung;* dadurch kann der Schläger nicht genügend beschleunigt werden

Abb. 17: Frühes Strecken des rechten Beines

▽ *Keine Unterstützung der Ausholbewegung mit der linken Hand;* dadurch wird häufig der Oberkörper nicht genügend zurückgedreht und die Bewegungskontrolle, insbesondere beim Übergang zwischen Aushol- und Schlagphase, verschlechtert sich; dieser Mangel kann zum Fehler werden, wenn sich der linke Arm in der Ausholphase gegen den rechten Arm nach vorne bewegt

▽ *Geringes In-die-Knie-Gehen;* auch hierdurch wird die Bewegungsbeschleunigung beeinträchtigt

▽ *Keine ausgeprägte seitliche Stellung;* dies führt zu einer Verkürzung der Ausholbewegung.

### Schlagphase

▽ *Kein tiefes Senken des Schlägerkopfes* unter den späteren Treffpunkt; dadurch kann der Schläger nicht steil vorwärtsaufwärts geschwungen werden

▽ *Sehr frühes Strecken der Beine* (Abb. 17); dadurch wird die Bewegungskopplung des Schlagablaufs (siehe Band 2, S. 14 und 25) gestört

▽ *Seitliche Stellung wird sehr früh aufgegeben,* d. h. der ganze Körper rotiert zusammen mit der Schlagbewegung; dadurch wird die Treffstrecke verkürzt

▽ *Geringe Beschleunigung des Schlägers,* insbesondere der Schlägerspitze; dadurch erhält der Ball nicht genügend Vorwärtsdrall

▽ *Sehr spätes oder vom Körper entferntes Treffen des Balles;* auch diese Fehler führen dazu, daß der Schläger nicht ausreichend beschleunigt und die Treffstrecke verkürzt wird

▽ *Keine Fixation des Handgelenks* beim Treffen des Balles; dies verschlechtert die Kontrolle beim Treffen erheblich.

### Ausschwungphase

▽ *Sehr kurze Aufwärtsbewegung* durch Abblocken des Bewegungsflusses; dies ist ein Zeichen dafür, daß der Schwung des Schlägers schon in der Treffstrecke gebremst wurde oder überhaupt nicht genügend vorhanden war.

## Beidhändiger Topspin-Rückhand

Der beidhändige Topspin-Rückhand wird in den gleichen Situationen und mit den gleichen Absichten angewandt wie der einhändige. Die Hauptkriterien des beidhändigen Schlages wurden in Tennis-Lehrplan 2 beschrieben. Die wichtigsten Merkmale der beidhändigen Topspin-Rückhand beziehen sich auf folgende Punkte:

- Zu Beginn der Ausholphase wird der Schläger mit der rechten Hand mit Continentalgriff und mit der linken Hand mit Easterngriff (häufig mit Westerngriff) gefaßt (siehe Band 2, S. 22 f)
- Beim beidhändigen Greifen wird (im Vergleich zum einhändigen) der Schlägerkopf im Übergang zwischen Aushol- und Schlagphase häufig tiefer gesenkt. Dadurch kann vor allem die Schlägerspitze in der Schlagphase zum Erzielen des gewünschten starken Vorwärtsdralls steil aufwärts geschwungen werden. In der Praxis erzielen deshalb vergleichbare Spieler mit beidhändiger Rückhand beim Topspin einen stärkeren Vorwärtsdrall als Spieler, die einhändig schlagen.
- Bedingt durch die Fixierung beider Hände am Griff, wird der Oberkörper bereits in der Schlagphase in die Schlagrichtung gedreht, während er beim einhändigen Topspin-Rückhand länger in der seitlichen Stellung bleiben muß.

# Slice – Vorhand und Rückhand

In welchen Situationen und mit welchen Absichten wird die Technik angewandt, wie ist der Ballflug?

**Situationen**

- Slice – Vorhand und Rückhand werden in der Regel vom Grundlinienbereich und vom Bereich zwischen T- und Grundlinie aus geschlagen; der Slice wird mit Rückhand sehr viel häufiger gespielt als auf der Vorhandseite.

**Absichten**

- Der Ball soll aus Sicherheitsgründen im Spiel gehalten werden
- Der Ball soll so gespielt werden, daß er möglichst in der Nähe der gegnerischen Grundlinie aufspringt; der Gegner wird dadurch gezwungen, hinter der Grundlinie zu bleiben
- Der kürzer gespielte Slice soll flach abspringen und den Gegner zu einem ungünstigen tiefen Treffpunkt zwingen
- Der gegnerische Aufschlag wird oft als Slice retourniert. Dies geschieht beim ersten Aufschlag wegen Zeitnot und Sicherheit, beim zweiten Aufschlag, wenn der Ball dem angreifenden Spieler vor die Füße gespielt werden soll
- Ein Slice hilft, das Tempo des Ballwechsels zu variieren, um den Gegner aus dem Rhythmus zu bringen

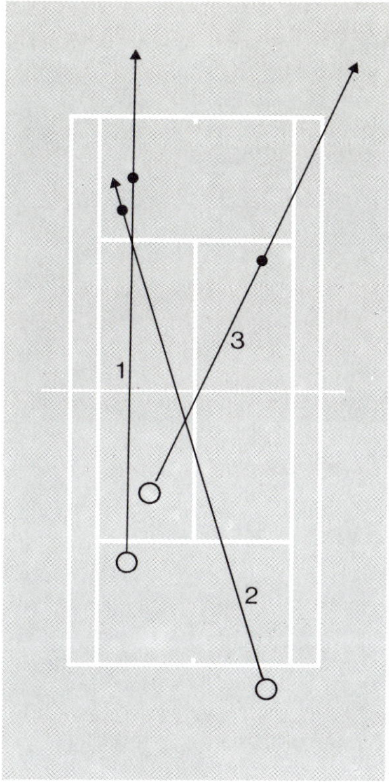

Abb. 18: Absichten

- Bälle, die kaum noch erreicht werden oder in Bedrängnis zu schlagen sind, können mit einem Slice noch relativ sicher und präzise gespielt werden
- Zu kurz geratene Bälle des Gegners sind eine willkommene Gelegenheit zum Angriff; dieser Angriffsschlag wird oft als Slice gespielt, weil
  - der Ball günstig im aufsteigenden Ast geschlagen werden kann
  - auf Grund der vergleichsweise langsamen Schlagbewegung die Zielgenauigkeit groß ist
  - die Körperbewegungen mit der ruhigen Schlagbewegung harmonisch zu verbinden sind und dadurch einen fließenden Übergang zum Vorlaufen ermöglichen
  - der relativ langsame Ballflug das rechtzeitige Einnehmen einer günstigen Netzposition erlaubt
- Hochabspringende Bälle werden im aufsteigenden Ast als Slice zurückgespielt, um sich nicht weit zurückdrängen zu lassen.

**Ballflug**

- Der Ball soll deutlichen Rückwärtsdrall haben
- Der Ball soll mit mittlerer Geschwindigkeit fliegen.

Abb. 19: Ballflug

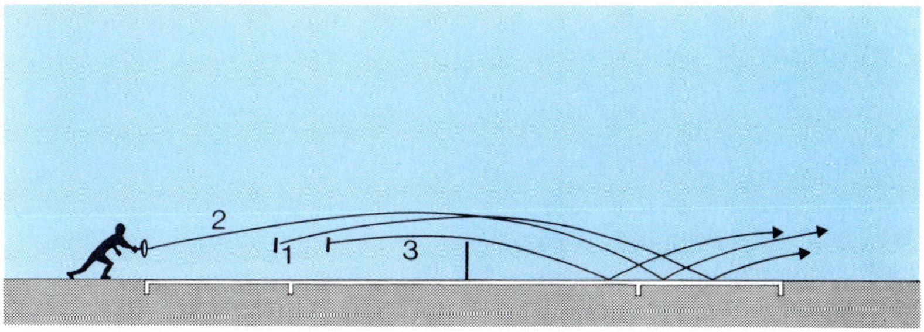

1 2 3 4 5 6

Abb. 20

## Slice – Vorhand

Wie sehen die Aktionen des Spielers beim Slice-Vorhand aus, damit er den gewünschten Ballflug verwirklichen kann, und wie lassen sie sich begründen?

**Kennzeichen der Hauptaktion innerhalb der Schlagphase**

- Die Schlägerbewegung erfolgt flach von hinten-oben nach vorne-unten (Bild 3–8), um Rückwärtsdrall zu erzielen
- Der Schläger wird zum Treffpunkt hin beschleunigt, um die notwendige Schlaggeschwindigkeit für den gewünschten Drall zu erreichen
- Der Schläger wird möglichst weit in Schlagrichtung geschwungen, um eine optimal lange Treffstrecke, große Genauigkeit und Sicherheit zu erlangen
- Der Ball wird mit fixiertem Handgelenk und annähernd senkrechter Schlagfläche seitlich vor dem Körper getroffen (Bild 8), um eine optimale Energieübertragung zu erzielen.

7 8 9 10 11 12

**Kennzeichen der Hilfsaktionen**

**Ausholphase**

- Zum Slice-Vorhand wird der Schläger mit Easterngriff gefaßt
- Der Oberkörper und das rechte Bein werden zur rechten Seite gedreht; der Schläger wird nach hinten-oben zurückgeführt (Bild 1, 2)
- Am Ende der Ausholbewegung ist der Arm leicht gebeugt, der Oberarm relativ weit vom Oberkörper entfernt, die Schlagfläche annähernd senkrecht und der Schlägerkopf über Kopfhöhe (Bild 2)
- Das linke Bein, das bei der Schlag- und Ausschwungbewegung als Standbein benutzt wird, wird am Ende der Ausholphase in die beabsichtigte Schlagrichtung vorgesetzt (Bild 3); dabei sollen die Füße zur Erhaltung eines guten Gleichgewichts über Hüftbreite auseinander sein.

**Schlagphase**

- Der Übergang von der Ausholzur Schlagphase erfolgt als flacher Bogen, um einen flüssigen Bewegungsablauf zu gewährleisten (Bild 3–5)
- Die Gewichtsverlagerung geht nach vorne-unten auf das vordere Bein, wobei sich die Beine beugen (Bild 3–8); die Treffstrecke wird dadurch verlängert
- Der Oberkörper dreht mit in Schlagrichtung (Bild 7, 8); dies erfolgt zur Unterstützung der Schlagbewegung und zur Verlängerung der Treffstrecke.

**Ausschwungphase**

- Der Ausschwung erfolgt zunächst weiter nach vorne-unten (Bild 9, 10); dies ist ein Zeichen dafür, daß eine ausreichende Treffstrecke erzielt wurde
- Der Ausschwung klingt dann nach vorne-oben aus, wobei die Schlagfläche zunehmend geöffnet wird; am Ende der Ausschwungbewegung befindet sich der Schläger in bzw. über Kopfhöhe (Bild 11, 12).

**Bewegungsspielräume mit ihren Vor- und Nachteilen**

**Ausholphase**

- Manche Spieler nehmen zum Slice-Vorhand den *Semicontinentalgriff;* bei tiefem Treffpunkt ist dies von Vorteil, weil hier die Schlagfläche leicht geöffnet sein muß; bei hohem Treffpunkt ist die Griffhaltung nachteilig, weil es sehr schwer ist, die Schlagfläche im Treffpunkt senkrecht zu stellen
- Die *Höhe und die Weite der Ausholbewegung* können unterschiedlich ausgeprägt sein; eine kürzere und flachere Ausholbewegung bei schnell ankommenden Bällen ermöglicht es, mit der Schlagbewegung noch rechtzeitig zu beginnen; extrem weite und hohe Ausholbewegungen erlauben zwar, die Schlaggeschwindigkeit zu erhöhen, bergen jedoch das Risiko einer geringen Ballkontrolle in sich
- Der *flache Bogen* beim Übergang von der Aushol- zur Schlagbewegung *kann entfallen;* dies mag in gewissen Situationen zur Erhöhung der Schlagkontrolle führen; Rhythmus, Bewegungsfluß und Beschleunigung des Schlägers leiden aber darunter
- Individuell ausgeprägt ist auch der *zeitlich-dynamische Ablauf* der Bewegung, insbesondere beim Übergang vom Zurückführen des Schlägers in der Ausholphase und seiner Beschleunigung in der Schlagphase; sehr frühes Ausholen mit einer Verzögerung am Ende der Ausholbewegung erlaubt eine ruhige Schlagbewegung; bei spätem Ausholen ist der Übergang zur Schlagbewegung fließender, diese aber möglicherweise unkontrollierter.

Abb. 21: Schlagbewegung von rechts nach links vor dem Körper

**Schlagphase**

- Bei schnell ankommenden Bällen (z. B. beim ersten Aufschlag) ist eine *stark verkürzte Schlagbewegung,* zum Teil auch steil vorwärts-abwärts gerichtet, aus Zeitgründen angebracht; diese Technik wurde früher auch »Chop« genannt
- Die Schlagbewegung erfolgt von rechts nach links *vor dem Körper* (Abb. 21); der Ball bekommt zusätzlich einen Seitendrall; dadurch können Bälle, die auf den Körper gespielt werden, als Slice geschlagen werden.

**Ausschwungphase**

- Je ruhiger und länger Schlagbewegung und Treffstrecke sind, desto *länger* ist auch die Ausschwungbewegung
- Bei kurzer Schlagbewegung kann der Ausschwung nach oben so *kurz* sein, daß er kaum wahrnehmbar ist
- In bestimmten Situationen (Return auf einen langsamen Aufschlag, Passierball kurz cross, Angriffsschlag aus dem Mittelfeld) kann der Ausschwung nach oben ebenfalls verkürzt werden
- Beim Slice mit *zusätzlichem Seitendrall* ist der Ausschwung kürzer und geht nach links-oben.

**Häufige Mängel und Fehler**

**Ausholphase**

▽ _Continentalgriff;_ dadurch steht die Schlagfläche im idealen Treffpunkt nicht senkrecht

▽ _Keine oder nur geringe Oberkörperdrehung;_ dies führt entweder zu einer »Stoßbewegung« oder der Schläger schwingt nach links vor den Körper, wobei die Treffstrecke verkürzt wird

▽ _Sehr späte Ausholbewegung;_ die geforderte ruhige Schlagbewegung ist dann nicht mehr möglich, der Ball wird häufig nicht mehr rechtzeitig genug getroffen

▽ _Sehr enges Ausholen;_ der Oberarm befindet sich zu nah am Oberkörper, dies führt zu einer »Stoßbewegung«

▽ _Geradlinig nach hinten gerichtete Ausholbewegung;_ Die Schlagbewegung kann nicht von oben nach unten erfolgen, der Ball erhält nicht den gewünschten Rückwärtsdrall.

**Schlagphase**

▽ _Kein Beugen des vorderen Beines_ (Abb. 22); es fehlt die Gewichtsverlagerung nach vorne-unten; dies führt zur Verkürzung der Treffstrecke

▽ _Sehr frühes Aufgeben der seitlichen Schlagstellung und frühes Hineindrehen von Hüfte und Oberkörper_ (Abb. 22); die Schlagbewegung verläuft nach links vor den Körper, die Treffstrecke ist stark verkürzt

Abb. 22

Abb. 23

Abb. 24

▽ _Keine Fixation des Handgelenks_ beim Treffen des Balles; dies verschlechtert die Kontrolle beim Treffen erheblich

▽ _Stark geöffnete Schlagfläche_ beim Treffen des Balles (Abb. 23); der Ball erhält nicht genug Geschwindigkeit und fliegt zu hoch weg

▽ _Sehr spätes Treffen_ des Balles (Abb. 24); Schlagbewegung, Treffstrecke und Ausschwung sind stark verkürzt.

**Ausschwungphase**

▽ _Sehr frühes Beenden_ der Ausschwungbewegung durch Abblocken des Bewegungsflusses; dies ist ein Zeichen dafür, daß die Treffstrecke (und somit die Ballkontrolle) stark beeinträchtigt waren

▽ Sehr starkes Beugen des Armes und damit _sehr frühes Heranführen des Schlägers zur linken Schulter_ (Abb. 25); dies ist ebenfalls ein Zeichen dafür, daß die Treffstrecke stark verkürzt war.

Abb. 25

14 13 12 11 10 9 8

Abb. 26

## Slice – Rückhand

Wie sehen die Aktionen des Spielers beim Slice-Rückhand aus, damit er den gewünschten Ballflug verwirklichen kann, und wie lassen sie sich begründen?

**Kennzeichen der Hauptaktion innerhalb der Schlagphase**

- Die Schlägerbewegung erfolgt von hinten-oben nach vorne-unten, um einen Rückwärtsdrall zu erzielen
- Der Schläger wird zum Treffpunkt hin beschleunigt, um die notwendige Schlaggeschwindigkeit für den gewünschten Drall zu erreichen
- Der Schläger wird möglichst weit in Schlagrichtung geschwungen, um eine optimal lange Treffstrecke, große Genauigkeit und Sicherheit zu erlangen
- Der Ball wird mit fixiertem Handgelenk und annähernd senkrechter Schlagfläche seitlich vor dem Körper getroffen (kurz vor Bild 10), um eine optimale Energieübertragung zu erzielen.

7 6 5 4 3 2 1

**Kennzeichen der Hilfsaktionen**

**Ausholphase**

- Zum Slice-Rückhand wird der Schläger mit Continentalgriff gefaßt
- Der Oberkörper und das linke Bein werden zur linken Seite gedreht (Oberkörperdrehung deutlich stärker als beim Slice-Vorhand), der Schläger wird nach hinten-oben zurückgenommen (Bild 2)
- Die linke Hand bleibt bei der Ausholbewegung am Schlägerhals (Bild 1–6), damit die Ausholbewegung stabilisiert und der Oberkörper weiter zurückgedreht werden kann
- Am Ende der Ausholbewegung ist der Arm stark gebeugt, der Oberarm deutlich vom Körper entfernt, die Schlagfläche stark geöffnet (fast parallel zum Boden), der Schlägerkopf in Schulterhöhe (Bild 6)
- Das rechte Bein, das bei der Schlag- und Ausschwungbewegung als Standbein benutzt wird, wird während der Ausholphase in die beabsichtigte Schlagrichtung vorgesetzt; dabei sollen die Füße zur Erhaltung eines guten Gleichgewichts über Hüftbreite auseinander sein.

**Schlagphase**

- Der Übergang von der Aushol- zur Schlagphase erfolgt als flacher Bogen, um einen flüssigen Bewegungsablauf zu gewährleisten; im Unterschied zum Slice-Vorhand ist die Schleife etwas kleiner
- Die Gewichtsverlagerung geht nach vorne-unten auf das vordere Bein, wobei sich die Beine beugen; die Richtung der Schlagbewegung wird hierdurch unterstützt sowie die Treffstrecke stabilisiert und verlängert (Bild 7–10)
- Der Arm wird während der Schlagbewegung gestreckt, um einen optimalen Treffpunkt zu erreichen; gleichzeitig wird der Unterarm gedreht, damit die Schlagfläche im Treffpunkt annähernd senkrecht gestellt werden kann und so eine optimale Energieübertragung möglich ist (Bild 7–10)
- Die seitliche Fuß- und Körperstellung wird bis zum Treffpunkt und darüber hinaus beibehalten (Bild 7–12), damit die optimale Treffstrecke erzielt werden kann.

**Ausschwungphase**

- Der Ausschwung erfolgt zunächst weiter nach vorne-unten (Bild 10–12); dies ist ein Zeichen dafür, daß eine ausreichende Treffstrecke erzielt wurde
- Der Ausschwung klingt dann nach vorne-oben aus, wobei die Schlagfläche zunehmend geöffnet wird; am Ende der Ausschwungbewegung befindet sich die Schlaghand in Schulterhöhe (Bild 13, 14).

**Bewegungsspielräume mit ihren Vor- und Nachteilen**

**Ausholphase**

- Manche Spieler nehmen zum Slice-Rückhand den *Semicontinentalgriff;* bei tiefem Treffpunkt ist dies von Vorteil, weil hier die Schlagfläche leicht geöffnet sein muß; bei hohem Treffpunkt ist die Griffhaltung nachteilig, weil es sehr schwer ist, die Schlagfläche im Treffpunkt senkrecht zu stellen.
Grundsätzlich ist es beim Slice-Rückhand schwierig, mit dem Semicontinentalgriff eine optimale Energieübertragung zu erzielen
- *Weite und Höhe* der Ausholbewegung können *unterschiedlich* ausgeprägt sein. Geringe Körperdrehung und geringes Zurückführen des Ellbogens, zumeist verbunden mit einer weniger hohen Ausholbewegung (Abb. 27), erlauben zwar, bei schnell ankommenden Bällen den Schläger noch rechtzeitig zum Treffpunkt zu bringen, der Fluß und Schwung der Bewegung leiden aber darunter. Eine weite und hohe Ausholbewegung (Abb. 28) – starke Oberkörperdrehung und weites Zurücknehmen des Ellbogens, rechte Hand in Nähe der linken Schulter – erlaubt, mit viel Schwung und hoher Geschwindigkeit zu schlagen; die Kontrolle wird allerdings beeinträchtigt
- Individuell ausgeprägt ist auch der *zeitlich-dynamische Ablauf* der Bewegung, insbesondere beim Übergang vom Zurückführen des Schlägers in der Ausholphase und seiner Beschleunigung in der Schlagphase; sehr frühes Ausholen mit einer Verzögerung der Bewegung am Ende der Ausholphase erlaubt eine ruhige Schlagbewegung; bei spätem Ausholen ist der Übergang von der Aushol- zur Schlagbewegung zwar fließender, diese aber möglicherweise unkontrollierter.

Abb. 27: Flache Ausholbewegung

Abb. 28: Hohe Ausholbewegung

### Schlagphase

- Bei schnell ankommenden Bällen (z. B. beim ersten Aufschlag) ist eine *stark verkürzte Schlagbewegung,* zum Teil steil vorwärts-abwärts gerichtet, aus Zeitgründen angebracht; diese Technik wurde früher als »Chop« bezeichnet
- Die Schlagbewegung erfolgt *von links nach rechts,* der Ball bekommt zusätzlich einen Seitwärtsdrall; dadurch können Bälle, die auf den Körper gespielt sind, als Slice geschlagen werden
- Spieler unterscheiden sich häufig auch darin, in welchem Teil der Schlagbewegung *der Arm gestreckt* wird; ein Strecken des Armes kurz vor dem Treffpunkt (Abb. 29) vergrößert die Schlaggeschwindigkeit und begünstigt ein sehr frühes Treffen des Balles; allerdings wird die Ballkontrolle erschwert; ein weit früheres Strecken des Armes (Abb. 30) verbessert die Treffstrecke, schränkt aber die Schlaggeschwindigkeit ein.

Abb. 29: Spätes Strecken des Armes

Abb. 30: Frühes Strecken des Armes

### Ausschwungphase

- *Je ruhiger und länger Schlagbewegung* und Treffstrecke sind, desto länger ist auch die Ausschwungbewegung
- Bei kurzer Schlagbewegung kann der Ausschwung nach oben so *kurz* sein, daß er kaum wahrnehmbar ist
- In bestimmten Situationen (Return auf einen langsamen Aufschlag, Passierball kurz cross, Angriffschlag aus dem Mittelfeld) kann der Ausschwung nach oben ebenfalls verkürzt werden
- Beim Slice mit *zusätzlichem Seitendrall* ist der Ausschwung oft kürzer und geht nach rechts oben.

## Häufige Mängel und Fehler

### Ausholphase

▽ *Easterngriff;* dadurch kann die Schlagfläche im Treffpunkt nicht senkrecht gestellt werden

▽ *Keine oder nur geringe Oberkörperdrehung;* dies hat zur Folge, daß die Schlagbewegung nicht in Schlagrichtung erfolgt, sondern nach rechts und die Treffstrecke stark verkürzt ist

▽ *Sehr späte Ausholbewegung;* die geforderte ruhige Schlagbewegung ist nicht mehr möglich, der Ball wird häufig nicht mehr rechtzeitig getroffen

▽ *Ausholbewegung mit langem Arm;* der Schläger kann nicht genügend beschleunigt werden und es ist schwer, die seitliche Stellung beizubehalten.

### Schlagphase

▽ *Kein Beugen des vorderen Beines;* es fehlt die Gewichtsverlagerung nach vorne unten; dies führt zur Verkürzung der Treffstrecke

▽ *Seitliche Stellung wird sehr früh aufgegeben;* der Körper rotiert mit der Schlagbewegung, dadurch wird die Treffstrecke sehr verkürzt

▽ *Keine Fixation des Handgelenks* beim Treffen des Balles; dies verschlechtert die Kontrolle beim Treffen erheblich, die Energieübertragung ist nicht optimal

▽ *Stark geöffnete Schlagfläche* im Treffpunkt; der Ball erhält nicht genug Geschwindigkeit und fliegt zu hoch weg

Abb. 31: Kein Strecken des Armes

Abb. 32: Schläger schwingt nach unten rechts aus

▽ *Kein Strecken des Armes* während der Schlagbewegung (Abb. 31); der Schwung der Schlagbewegung ist nicht optimal und die Treffstrecke wird stark verkürzt

▽ *Sehr spätes Treffen* des Balles; die Schlagbewegung, die Treffstrecke und der Ausschwung sind stark verkürzt.

### Ausschwungphase

▽ *Sehr frühes Abweichen* der Schlagbewegung von der Schlagrichtung; dies zeugt davon, daß die Treffstrecke stark beeinträchtigt war

▽ *Kein Ausklingen* der Ausschwungbewegung nach vorne-oben, d. h. der Bewegungsfluß wurde stark abgeblockt; um den Schwung des Schlages trotzdem aufzufangen, wird dabei häufig das Handgelenk vorgeschoben (Handrücken zeigt in Schlagrichtung) und der Schläger kippt oft zusätzlich nach unten-rechts weg (Abb. 32).

# Stop – Vorhand und Rückhand

In welchen Situationen und mit welchen Absichten wird die Technik angewandt, wie ist der Ballflug?

### Situationen

- Stop – Vorhand und Rückhand werden zumeist aus dem Bereich zwischen der T-Linie und der Grundlinie geschlagen.

### Absichten

- Mit einem Stop beabsichtigt man, einen Grundlinienspieler ans Netz zu holen
- Durch einen Stop wird der Gegner zum Laufen gezwungen, und man kann ihn auf diese Art ermüden
- Mit einem Stop kann man dann einen direkten Punkt erzielen, wenn der Gegner sehr weit entfernt ist oder sich entgegengesetzt zur Schlagrichtung des Stops bewegt
- Der Ball soll so gespielt werden, daß er knapp hinter dem Netz aufspringt
- Der Ball soll weder sehr weit noch sehr hoch abspringen, so daß ihn der Gegner nicht mehr erreicht oder zu einem sehr tiefen Treffpunkt (kurz vor dem zweiten Aufsprung des Balles) gezwungen wird
- Spielt der Gegner einen Stop, dann kann man mit einem »Gegenstop« einen direkten Punkt gewinnen oder zumindest eine günstige Platzposition einnehmen.

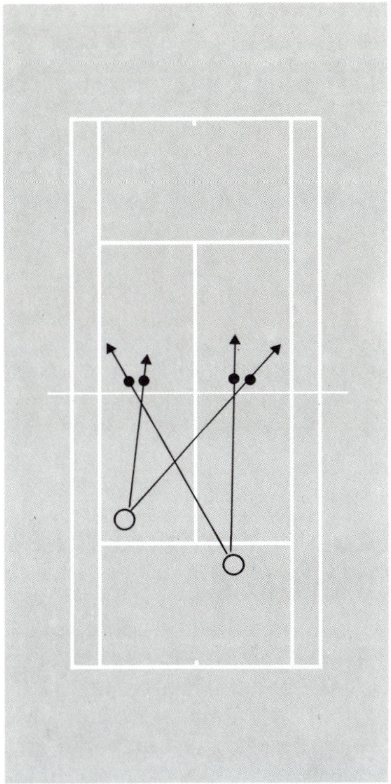

Abb. 33: Absichten

### Ballflug

- Der Ball soll deutlichen Rückwärtsdrall haben
- Der Ball soll in einer flach ansteigenden und dann steil abfallenden Flugkurve fliegen.

Abb. 34: Ballflug

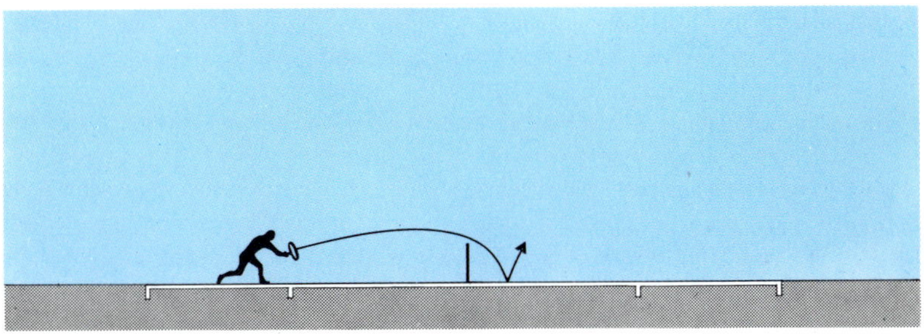

1 2 3 4 5
Abb. 35

## Stop – Vorhand und Rückhand

Wie sehen die Aktionen des Spielers beim Stop – Vorhand und Rückhand aus, damit er den gewünschten Ballflug verwirklichen kann, und wie lassen sie sich begründen?

**Kennzeichen der Hauptaktion innerhalb der Schlagphase**

- Die Schlägerbewegung erfolgt von hinten-oben nach vorne-unten (Bild 4–7), um Rückwärtsdrall zu erzeugen
- Der Schläger wird relativ langsam zum Treffpunkt geschwungen, um einerseits einen schnell ankommenden Ball entsprechend abstoppen zu können und andererseits auch langsam ankommenden Bällen nicht zuviel Geschwindigkeit mitzugeben
- Die Treffstrecke ist kurz und vorwärts-abwärts gerichtet.
- Der Treffpunkt liegt in Höhe der vorderen Hüfte, das Handgelenk ist fixiert und die Schlagfläche steht annähernd senkrecht (Bild 7), um die gewünschte flache Flugkurve zu erreichen.

6 7 8 9 10

**Kennzeichen der Hilfsaktionen**

**Ausholphase**

- Zum Stop-Vorhand wird der Schläger mit Eastern-, zum Stop-Rückhand mit Continentalgriff gefaßt
- Die Ausholbewegung ist relativ kurz, um beim Schlag wenig Schwung bis zum Treffpunkt zu bekommen
- Der Oberkörper wird zur Unterstützung der Ausholbewegung zurückgedreht (Bild 1–3); bei der Ausholbewegung zum Stop-Rückhand bleibt zusätzlich die linke Hand am Schlägerhals
- Das linke Bein beim Stop-Vorhand (bzw. das rechte Bein beim Stop-Rückhand), das bei der Schlag- und Ausschwungbewegung als Standbein benutzt wird, wird seitlich vorgesetzt (Bild 3, 4); dabei sollen die Füße zur Erhaltung einer guten Gleichgewichtslage über Hüftbreite auseinander sein.

**Schlagphase**

- Das netznähere Bein wird während der Schlagbewegung gebeugt (Bild 4–7), um die vorwärts-abwärts gerichtete Bewegung zu unterstützen; dies verbessert auch die Koordination zwischen Armbewegung und Gewichtsverlagerung
- Beim Stop-Vorhand wird der Oberkörper leicht in Schlagrichtung gedreht (Bild 6, 7); beim Rückhand-Stop bleibt die seitliche Schlagstellung beibehalten, um einen optimalen Treffpunkt und gute Ballkontrolle zu erreichen
- Der Schlagarm ist im Treffpunkt gestreckt (beim Stop-Rückhand stärker als beim Stop-Vorhand) (Bild 7).

**Ausschwungphase**

- Unmittelbar nach dem Treffen des Balles erfolgt der Ausschwung kurz vorwärts-aufwärts (Bild 8–10); dies ist ein Zeichen dafür, daß die Schlaggeschwindigkeit und der Drall auf die Zielgenauigkeit des Stops entsprechend gut abgestimmt waren
- Der Unterarm wird gedreht und die Schlagfläche zeigt annähernd parallel zum Boden (Bild 9, 10); so kann der Ausschwung den gewünschten kleinen Bewegungsumfang erreichen
- Das netznähere Bein wird gestreckt; die Aufwärtsbewegung des Ausschwungs wird dadurch unterstützt, Arm- und Körperbewegung sind gut koordiniert (Bild 10).

**Bewegungsspielräume mit ihren Vor- und Nachteilen**

**Ausholphase**

- Manche Spieler nehmen für den Stop – Vorhand und Rückhand den *Semicontinentalgriff;* dadurch wird das gewünschte Öffnen der Schlagfläche nach dem Treffpunkt erleichtert
- Eine *relativ weite Ausholbewegung* – ähnlich wie beim Slice – zeigt dem Gegner nicht an, daß ein Stop beabsichtigt ist
- Die *Schlagfläche* kann vor allem beim Stop-Vorhand am Ende der Ausholbewegung *leicht geschlossen* sein; es ist dann leichter, im Treffpunkt die richtige Stellung der Schlagfläche zu haben und der Übergang zum Ausschwung kann entsprechend kurz und fließend ablaufen.

**Schlagphase**

- Bei relativ schnell ankommenden Bällen *entfällt die Bewegung nach vorne fast ganz;* der Ball wird nur abgestoppt und erhält einen deutlichen Rückwärtsdrall
- Manchmal erfolgt im Treffpunkt ein *Nachgeben mit dem Handgelenk;* die Geschwindigkeit des ankommenden Balles wird entsprechend verlangsamt und der Ball erhält wenig Rückwärtsdrall; die Gefahr liegt hierbei in der schwierigen Ballkontrolle
- Die *Stellung der Schlagfläche* im Treffpunkt kann *mehr oder weniger geöffnet* sein; sie ist offen, wenn der Treffpunkt tief liegt, und wenn der Ball im abfallenden Ast seiner Flugbahn nach dem Aufsprung getroffen wird; dadurch kann der Ball sicher über das Netz gespielt werden
- Wenn der Gegner in der Wettkampfsituation über den beabsichtigten Schlag getäuscht werden soll, dann *ähnelt die Ausholbewegung und der Beginn der Schlagbewegung der des Slice;* die Hauptaktion des Stop (geringe Beschleunigung des Schlägers zum Treffpunkt) wird erst spät eingeleitet.

Abb. 35a: Kein Öffnen der Schlagfläche nach dem Treffen des Balles

**Ausschwungphase**

- Die *Höhe und die Weite der Ausschwungbewegung differieren* je nach Schlaggeschwindigkeit und Umfang der Schlagbewegung
- Der *Ausschwung erfolgt nicht nach oben,* sondern weiter nach vorne-unten in Richtung der Treffstrecke; die Schlagfläche wird nicht weiter geöffnet (Abb. 35a), die Schlagbewegung wird plötzlich abgebremst, es fehlen der Bewegungsfluß und das weiche Ausklingen der Bewegung; die Kontrolle der Stellung der Schlagfläche im Treffpunkt ist günstig.

## Häufige Mängel und Fehler

**Ausholphase**

▽ *Keine oder nur geringe Oberkörperdrehung;* dadurch fehlt die Voraussetzung für die Kontrolle für eine gefühlvolle Schlagbewegung

▽ *Geradlinig nach hinten gerichtete Ausholbewegung;* dadurch ist keine vorwärts-abwärts gerichtete Schlagbewegung möglich. Abflughöhe und Fluglänge des Balles sind schwer zu kontrollieren

▽ *Sehr späte Ausholbewegung;* die geforderte ruhige Schlagbewegung ist nicht möglich, die Ballkontrolle wird stark beeinträchtigt.

**Schlagphase**

▽ *Drehen des Unterarmes und starkes Öffnen der Schlagfläche schon vor dem Treffen* des Balles (Abb. 36); der Ball erhält zwar die gewünschte Rückwärtsrotation, fliegt aber sehr hoch weg

▽ *Sehr schwungvolle Schlagbewegung;* dadurch ist die Kontrolle der Abfluggeschwindigkeit des Balles und der Flugweite nahezu unmöglich

▽ *Kein Beugen des netznäheren Beines;* dadurch fehlt die Koordination der Ganzkörperbewegung, die Schlagbewegung erfolgt nur aus dem Arm und die Schlagkontrolle wird beeinträchtigt

▽ *Sehr frühes Strecken des vorderen Beines;* dadurch erfolgt die Gewichtsverlagerung nach oben und oft nach hinten, die Bewegungskoordination ist gestört und der Ballflug ist zu kurz und sehr hoch

▽ *Sehr lockeres Handgelenk im Treffpunkt;* der ankommende Ball wird dadurch zwar abgebremst, die Kontrolle über den Drall und die Flugkurve ist jedoch nicht gegeben.

**Ausschwungphase**

▽ *Später Beginn* der Ausschwungbewegung; dies zeigt, daß die Schlägergeschwindigkeit im Treffpunkt noch zu hoch war und damit der ankommende Ball nicht genügend abgestoppt werden konnte; die Kontrolle über den Drall und die Länge der Flugkurve war nicht möglich.

Abb. 36: Starkes Öffnen der Schlagfläche schon vor dem Treffen des Balles

# Flugballstop – Vorhand und Rückhand

In welchen Situationen und mit welchen Absichten wird die Technik angewandt, wie ist der Ballflug?

### Situationen

- Der Flugballstop (Volleystop) wird in Netznähe gespielt, vor allem bei einem Treffpunkt in Netzhöhe oder darunter.

### Absichten

- Der Ball soll so gespielt werden, daß er knapp hinter dem Netz aufspringt, damit ihn der Gegner nicht mehr erreichen kann
- Der cross gespielte Flugballstop soll vom Gegner weg und im spitzen Winkel zum Netz gespielt werden, um damit einen direkten Punktgewinn zu erzielen
- Für flache oder mit Topspin geschlagene Passierbälle des Gegners eignet sich manchmal der Flugballstop, weil es schwer sein kann, bei tiefem Treffpunkt einen Flugball weit ins Feld zu schlagen.

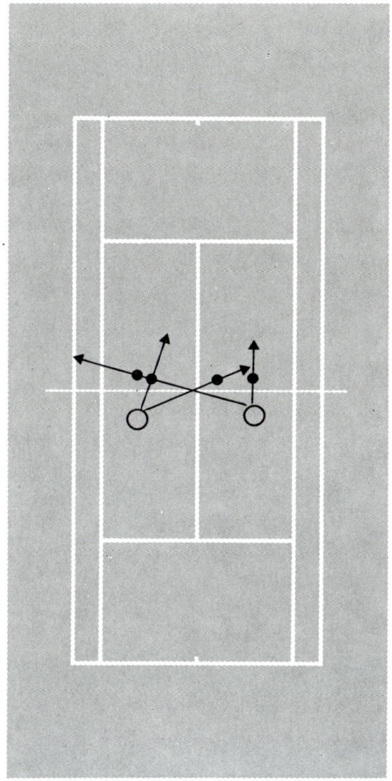

Abb. 37: Absichten

Flugballstop cross: der Gegner kann den Ball nicht mehr erreichen

### Ballflug

- Der Ball soll Rückwärtsdrall erhalten
- Der Ball soll langsam sein
- Der Ball soll nicht sehr hoch über das Netz fliegen.

Abb. 38: Ballflug

1 2 3 4

Abb. 39

## Flugballstop – Vorhand und Rückhand

Wie sehen die Aktionen des Spielers beim Flugballstop aus, damit er den gewünschten Ballflug verwirklichen kann, und wie lassen sie sich begründen?

**Kennzeichen der Hauptaktion innerhalb der Schlagphase**

- Die Schlägerbewegung ist kurz und erfolgt flach vorwärts-abwärts, um Rückwärtsdrall zu erzeugen (Bild 2, 3)
- Der Schläger bewegt sich mit sehr geringer Geschwindigkeit, um den ankommenden Ball entsprechend abstoppen zu können
- Der Treffpunkt liegt deutlich vor dem Körper (Bild 3); die Schlagfläche steht im Treffpunkt mehr oder weniger offen; das Handgelenk ist beim Flugballstop longline weniger, beim Flugballstop cross mehr fixiert.

5

6

7

8

**Kennzeichen der Hilfsaktionen**

**Ausholphase**

- Der Flugballstop wird auf der Vorhandseite mit Easterngriff, auf der Rückhandseite mit Continentalgriff gespielt
- Der Oberkörper wird etwas zurückgedreht, die Ausholbewegung mit dem Arm nach hinten-oben ist sehr kurz, weil zum Schlag sehr wenig Schwung notwendig ist (Bild 1, 2).

**Schlagphase**

- Das netznähere Bein wird während der Schlagbewegung gebeugt (Bild 2, 3), um einen optimalen Treffpunkt zu erreichen; die Armbewegung ist mit der Gewichtsverlagerung gut koordiniert
- Der Schlagarm ist im Treffpunkt annähernd gestreckt (Bild 3); d. h. nicht ganz ausgestreckt wie beim Slice und Flugball; der ankommende Ball läßt sich damit gefühlvoller abstoppen; das Abstoppen erfolgt durch Nachgeben von Unterarm und Handgelenk
- Der Oberkörper bleibt bei der Schlagbewegung relativ ruhig, damit kann die Treffgenauigkeit erhöht werden.

**Ausschwungphase**

- Die Verbindung der flachen vorwärts-abwärts gerichteten Schlägerbewegung in der Hauptaktion mit dem Nachgeben des Unterarmes und Handgelenkes beim Treffen führt dazu, daß der Schlägerkopf nach dem Treffen nach hinten-unten abkippt (Bild 4, 5); dies gilt vor allem für den Flugballstop-Vorhand; beim Flugballstop-Rückhand erfolgt das Abkippen des Schlägers durch Drehen des Unterarms und Beugen im Ellbogengelenk
- Die Ausschwungbewegung erfolgt sehr kurz nach vorne-oben.

**Bewegungsspielräume mit ihren Vor- und Nachteilen**

**Ausholphase**

- Die ohnehin kurze *Ausholbewegung kann entfallen;* d. h. der Schläger wird gleich in Richtung Treffpunkt nach vorne gebracht; man kommt somit zu einem frühen Treffpunkt und hat entsprechend wenig Schwung.

**Schlagphase**

- Der Flugballstop longline kann auch *mit fixiertem Handgelenk* geschlagen werden; dabei erfolgt das notwendige Nachgeben nur mit dem Unterarm; die Kontrolle über die Weite des Stops ist allerdings hierbei schwieriger
- Manche Spieler treffen den Ball mit *deutlich gebeugtem Arm;* der Abstand zum Treffpunkt ist dadurch näher, was gegebenenfalls zu besserer Ballkontrolle führen kann
- *Die vorwärts-abwärts gerichtete Bewegung* mit dem Schläger *entfällt;* der Schläger wird mit der entsprechenden Neigung der Schlagfläche zum voraussichtlichen Treffpunkt gebracht, der ankommende Ball prallt von der Schlagfläche ab, das Handgelenk gibt durch die Kraft des ankommenden Balles mehr oder weniger stark nach; diese Art des Flugballstops erfordert sehr viel Ballgefühl
- Die *Schlagfläche wird schräg* zur Flugbahn des ankommenden Balles *gestellt;* der Ball springt, bei fixiertem Handgelenk im Treffpunkt, im spitzen Winkel zum Netz weg; der Nachteil einer längeren Flugbahn des Balles wird durch seine Abflugrichtung (weg vom Gegner) ausgeglichen.

**Ausschwungphase**

- *Die Ausprägung der Ausschwungbewegung* hängt davon ab, ob und inwieweit der Schläger beim Treffen vorwärts-abwärts bewegt wird und Handgelenk bzw. Unterarm nachgeben.

**Häufige Mängel und Fehler**

**Ausholphase**

▽ *Weite Ausholbewegung;* dadurch wird zwar vorgetäuscht, einen normalen Flugball zu schlagen, die langsame Schlaggeschwindigkeit in der Hauptaktion ist aber schwer zu erreichen, da die Schlagbewegung abgebremst werden muß.

Abb. 40: Sehr später Treffpunkt

**Schlagphase**

▽ *Sehr lange und schnelle Schlagbewegung;* dadurch wird zuviel Energie übertragen und der Ball fliegt zu weit

▽ *Schlagen mit sehr gebeugtem Arm;* dadurch wird das Bewegungsgefühl eingeschränkt

▽ *Schlagfläche steht* beim Abblocken *nicht entsprechend schräg* zur Flugbahn des ankommenden Balles; der Flugballstop wird entweder zu lang (Schlagfläche nicht schräg genug) oder der Ball springt sogar im eigenen Feld auf (Schlagfläche zu schräg)

▽ *Später Treffpunkt* (Abb. 40); die Ballkontrolle wird dadurch stark beeinträchtigt

▽ *Schlechte Koordination der Armbewegung mit der Gewichtsverlagerung;* hierdurch wird ebenfalls die Ballkontrolle stark beeinträchtigt.

**Ausschwungphase**

▽ *Sehr deutliche und hohe Ausschwungbewegung;* dies deutet darauf hin, daß die Geschwindigkeit der Schlagbewegung sehr hoch war und die Flughöhe des Balles zu groß ist.

# Halbflugball – Vorhand und Rückhand

In welchen Situationen und mit welchen Absichten wird die Technik angewandt, wie ist der Ballflug?

### Situationen

- Halbflugball – Vorhand und Rückhand werden am häufigsten vom T-Linienbereich aus gespielt; der Halbflugball kommt dann zur Anwendung, wenn der Spieler zu nah am Aufsprungpunkt steht, um einen Grundschlag auszuführen und doch zu weit entfernt ist, um den Ball als Flugball zu schlagen; demnach kann der Halbflugball also auch von allen anderen Platzpositionen aus geschlagen werden.

### Absichten

- Durch das Spielen eines Halbflugballes wird man nicht so weit aus dem Platz getrieben und vermeidet, daß man den Ball eventuell noch in der Rückwärtsbewegung schlagen muß
- In Situationen, in denen Richtung und Geschwindigkeit des abspringenden Balles schwer zu berechnen sind (bei Topspin, Seitendrall, Wind, unebenem Platz), kann man den Ball als Halbflugball noch einigermaßen sicher zurückspielen
- Mit einem Halbflugball kann das Spiel beschleunigt werden; der Gegner wird unter Druck gesetzt, weil der Ball schnell wieder auf seiner Seite ist.

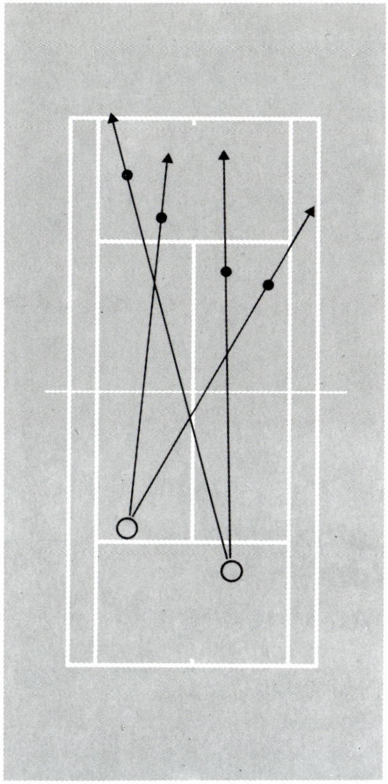

Abb. 41: Absichten

### Ballflug

- Der Ball soll mit mittlerer bis hoher Geschwindigkeit gespielt werden
- Der Ball soll möglichst flach über das Netz fliegen.

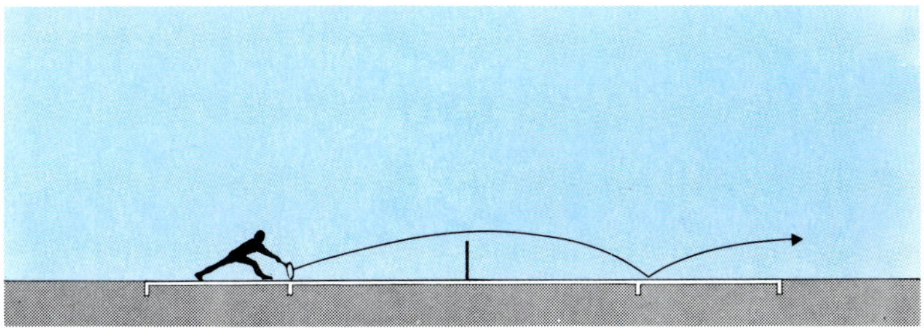

Abb. 42: Ballflug

1 2 3 4 5 6

Abb. 34

## Halbflugball – Vorhand und Rückhand

Wie sehen die Aktionen des Spielers beim Halbflugball aus, damit er den gewünschten Ballflug verwirklichen kann, und wie lassen sie sich begründen?

**Kennzeichen der Hauptaktion innerhalb der Schlagphase**

- Die Schlägerbewegung erfolgt anfangs annähernd parallel zum Boden (Bild 5–8), um den Ball unmittelbar nach dem Aufsprung treffen zu können
- Der Schläger wird zum Treffpunkt hin beschleunigt
- Die Treffstrecke ist relativ kurz und vorwärts-aufwärts gerichtet
- Der Ball wird in Höhe des netznäheren Fußes mit fixiertem Handgelenk getroffen (Bild 8), um kontrolliert zu schlagen und eine optimale Energieübertragung zu erzielen
- Die Schlagflächenstellung im Treffpunkt hängt von der Geschwindigkeit des ankommenden Balles, des Schlägers und vom Abstand zum Netz ab.

7 8 9 10 11 12

**Kennzeichen der Hilfsaktionen**

**Ausholphase**

- Für den Halbflugball-Vorhand wird der Schläger mit Eastern-griff, für den Halbflugball-Rückhand mit Continentalgriff gefaßt
- Der Oberkörper wird zur Unterstützung der Ausholbewegung zurückgedreht (Bild 1–4)
- Die Ausholbewegung erfolgt geradlinig nach hinten, um den Schläger nach einem flachen Wendebogen (Bild 3–5) zunächst annähernd parallel zum Boden nach vorne schwingen zu können
- Das rechte Bein beim Halbflugball – Vorhand, bzw. das linke beim Halbflugball – Rückhand wird stark gebeugt, um das tiefe Absenken des Schlägerkopfes auf die Höhe des späteren Treffpunktes zu unterstützen (Bild 5–7)
- Das netznähere Bein wird weit in Schlagrichtung vorgesetzt, um in dieser tiefen Stellung gut das Gleichgewicht halten zu können (Bild 4–8).

**Schlagphase**

- Der Übergang von der Ausholphase zur Schlagphase erfolgt ohne Pause, damit der Bewegungsfluß erhalten bleibt
- Das Körpergewicht wird während der Schlagbewegung deutlich auf das vordere Bein übertragen, wobei der Körperschwerpunkt tief bleibt, das vordere Bein also stark gebeugt wird (Bild 4–8); durch diese Gewichtsverlagerung kann der Schläger tief und parallel zum Boden zum frühen Treffpunkt geschwungen werden.

**Ausschwungphase**

- Der Ausschwung erfolgt als Fortsetzung der Treffstrecke nach vorne-oben, das vordere Bein wird mehr oder weniger gestreckt (9–12).

Abb. 44: Weiträumige Ausholbewegung

Abb. 45: Ausschwungbewegung steil vorwärts-aufwärts

**Bewegungsspielräume mit ihren Vor- und Nachteilen**

**Ausholphase**

- Der Schläger kann auch mit *Semicontinentalgriff* gefaßt werden; beim Halbflugball-Rückhand kann das den Nachteil haben, daß die gewünschte Stellung der Schlagfläche bei frühem Treffpunkt nur schwer zu erreichen ist
- Die Ausholbewegung kann *relativ weiträumig* sein (Abb. 44), wenn genügend Zeit zur Verfügung steht, der Ball vom Grundlinienbereich aus mit viel Schwung oder vom T-Linienbereich bzw. in Netznähe als Topspin gespielt werden soll
- Wird der Halbflugball während eines Angriffs im Vorwärtslaufen gespielt, dann kann die *Oberkörperdrehung* zur Unterstützung der Ausholbewegung nahezu *wegfallen*
- Die *Ausholbewegung kann auch nach hinten-unten* erfolgen, um ein schnelleres Angleichen an die spätere Treffpunkthöhe zu erreichen.

**Schlagphase**

- Der *Treffpunkt kann je nach der Situation im Bereich zwischen Körpermitte und netznäherem Fuß,* aber auch weit vor dem vorderen Fuß liegen; die Schrittstellung ist mehr oder weniger weit ausgeprägt
- Die *Länge der Schlagbewegung* ändert sich mit der Lage des Treffpunkts; beim Treffpunkt weit vor dem Körper fällt die Bewegung lang, bei späterem Treffpunkt eher kurz aus

- Die *Steilheit der Treffstrecke* ändert sich mit der Platzposition, aus der der Halbflugball geschlagen wird; in Netznähe verläuft die Treffstrecke steiler nach oben, im Grundlinienbereich flacher
- Beim *Topspin-Halbflugball* ist die Treffstrecke besonders steil vorwärts-aufwärts gerichtet
- Die *Länge des Schritts* mit dem vorderen Bein und damit die Gewichtsverlagerung fällt je nach dem Abstand des Treffpunkts verschieden groß aus.

**Ausschwungphase**
- Bei hoher Schlaggeschwindigkeit erfolgt der *Ausschwung weit nach vorne-oben*
- Beim Halbflugball in Netznähe und beim Topspin-Halbflugball erfolgt der *Ausschwung* entsprechend der Richtung der Treffstrecke *steil vorwärts-aufwärts* (Abb. 45).

Abb. 46: Keine gebeugten Knie in der Schlagphase

Abb. 47: Sehr frühes Strecken der Beine

**Häufige Mängel und Fehler**

**Ausholphase**
- ▽ *Kein oder sehr spätes Beugen des hinteren Beines;* das Angleichen an den tiefen Treffpunkt kann nicht erfolgen
- ▽ *Sehr hohe Ausholbewegung;* dadurch ist es sehr schwer, den Schläger rechtzeitig auf die entsprechende Treffhöhe zu bringen.

**Schlagphase**
- ▽ *Sehr geringes Beugen in den Kniegelenken* (Abb. 46); der Schlägerkopf muß hängen gelassen werden, um den Ball knapp über dem Boden treffen zu können; die Gewichtsverlagerung und die Treffstrecke werden stark beeinträchtigt
- ▽ *Sehr frühes Aufrichten* (Strekken des vorderen Beines) aus der tiefen Stellung (Abb. 47); das Bein ist schon gestreckt, bevor der Ball getroffen wurde; d. h. der Ball kann nicht knapp über dem Boden getroffen werden; die Ballkontrolle wird stark beeinträchtigt.

**Ausschwungphase**
- ▽ *Flacher Ausschwung bei einem Halbflugball in Netzhöhe;* dies deutet darauf hin, daß die Treffstrecke zu flach war, der Ball fliegt zu flach weg und landet im Netz.

## Slice-Lob und Topspin-Lob – Vorhand und Rückhand

In welchen Situationen und mit welchen Absichten wird die Technik angewandt, wie ist der Ballflug?

### Situationen

- Slice-Lob und Topspin-Lob werden zumeist vom Grundlinienbereich aus geschlagen. Manchmal wird der Topspin-Lob (insbesondere auf der Vorhandseite) auch zwischen Grund- und T-Linie geschlagen.

### Absichten

- Der Slice-Lob wird vor allem in Bedrängnis und bei Zeitknappheit, d. h. bei tiefen und schnellen Bällen geschlagen; Ziel ist es, sich zu verteidigen und Zeit zu gewinnen (SI)
- Slice- und Topspin-Lob eignen sich dazu, den zum Netz vorlaufenden oder am Netz stehenden Gegner zu überspielen; d. h. der Ball soll so geschlagen werden, daß er möglichst nahe an der Grundlinie aufspringt und vom Gegner nicht mehr erreicht bzw. nur mit großer Mühe zurückgeschlagen werden kann; dies gilt vor allem dann, wenn der Gegner sehr nahe am Netz steht (insbesondere auch im Doppel) und der Gegner relativ klein ist; wenn der Ball in guter Schlagposition geschlagen werden kann und (bei einem schlechten Angriff des Gegners) relativ langsam sowie

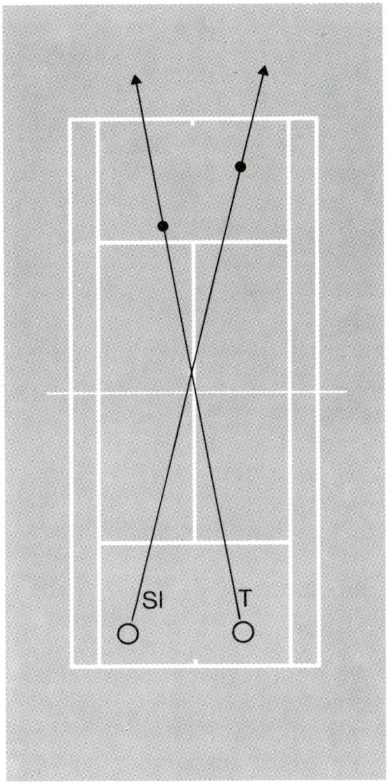


Abb. 48: Absichten

nicht zu flach ankommt, dann bietet sich vor allem der Topspin-Lob-Vorhand an, da er nach dem Aufsprung im gegnerischen Feld besonders schnell wegspringt (T)

- Der Ball wird auch häufig so geschlagen, daß er von dem zum Netz vorlaufenden oder am Netz stehenden Gegner nur unter großen Schwierigkeiten geschmettert werden kann. Dies gilt vor allem dann, wenn sich der Ball aus großer Höhe steil senkt (Slice-Lob), wenn der Gegner ihn nur hinter dem Körper oder auf der Rückhandseite treffen kann oder wenn die Flugbahn des mit starkem Vorwärts- und gleichzeitig etwas Seitwärtsdrall fliegenden Balles nur schwer kontrolliert werden kann (Topspin-Lob)
- Manchmal wird der Topspin-Lob auch dann geschlagen, wenn der Gegner aus dem Rhythmus gebracht werden soll oder wenn man sich kurzfristig vom Spieldruck des Gegners befreien möchte
- Der Slice-Lob kann auch eine Antwort sein auf das Überlobbt-Werden durch den Gegner nach einem eigenen Angriff ans Netz; der Topspin-Lob kann eine Antwort auf den Lob des Gegners sein, der selbst an der Grundlinie verbleibt.

**Ballflug**

- Der Slice-Lob soll mit Rückwärtsdrall, der Topspin-Lob soll mit starkem Vorwärtsdrall fliegen
- Zum Überspielen soll der Ball weder zu niedrig, damit er nicht geschmettert werden kann, noch zu hoch geschlagen werden, damit er vom Gegner aufgrund der dann zur Verfügung stehenden Zeit nicht leicht erlaufen werden kann
- Als Befreiungsschlag oder als schwierig zu schmetternder Ball (insbesondere gegen die Sonne) soll der Ball möglichst hoch geschlagen werden.

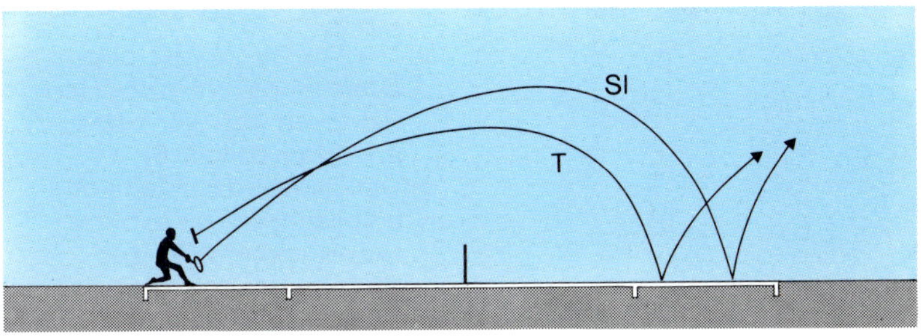


Abb. 49: Ballflug

10 9 8 7 6

Abb. 50

## Slice-Lob

Wie sehen die Aktionen des Spielers beim Slice-Lob aus, damit er den gewünschten Ballflug verwirklichen kann, und wie lassen sie sich begründen?

**Kennzeichen der Hauptaktion innerhalb der Schlagphase**

- Der Schläger, insbesondere der Schlägerkopf, wird flach vorwärts-abwärts und mit deutlich geöffneter Schlagfläche geschwungen (Bild 5, 6), damit der Ball mit Rückwärtsdrall in die steile Flugbahn geschlagen werden kann
- Die Treffstrecke ist möglichst lange, um große Genauigkeit und Sicherheit zu erreichen (Bild 5, 6)
- Der Ball wird seitlich und insbesondere beim Slice-Lob-Rückhand vor der Hüfte mit deutlich geöffneter Schlagfläche und fixiertem Handgelenk getroffen (Bild 6), um eine optimale Energieübertragung zu erzielen.

**Kennzeichen der Hilfsaktionen**

**Ausholphase**

- Zu Beginn der Ausholphase, d. h. in der Ausgangsstellung, wird der Schläger beim Slice-Lob-Rückhand mit Continentalgriff (bzw. Easterngriff beim Slice-Lob-Vorhand) gefaßt, so daß der Ball weit genug vor dem Körper getroffen und die Energieübertragung verbessert werden kann
- Beim Slice-Lob-Rückhand wird die Ausholbewegung dadurch eingeleitet, daß die linke Hand den Schläger am Schlägerhals zurückführt (Bild 1, 2), damit die Ausholbewegung stabilisiert und der Oberkörper weiter zurückgedreht werden kann
- Der Oberkörper wird zurückgedreht (bei Rückhand stärker als bei Vorhand), der Schläger wird mit fließendem und flachem bogenförmigem Übergang zur Schlagphase zu-

5 4 3 2 1

rückgeführt (Bild 1, 2), damit die Gesamtbewegung flüssig bleibt

- Die Schlagfläche wird im Übergang zur Schlagphase geöffnet, damit die gewünschte Stellung der Schlagfläche in der Treffstrecke früh erreicht wird (Bild 2–4)
- Das rechte Bein (bzw. das linke Bein beim Slice-Lob-Vorhand), das bei der Schlag- und Ausschwungbewegung als Standbein benutzt wird, wird in die beabsichtigte Schlagrichtung vorgesetzt (Bild 1, 2); dabei sollen die Füße zur Verbesserung der Gleichgewichtslage mindestens hüftbreit auseinander sein. Beim Slice-Lob-Rückhand ist die seitliche Stellung so ausgeprägt, daß die rechte Rückenhälfte zum Netz zeigt.

**Schlagphase**

- Das Körpergewicht wird auf das vordere Bein verlagert und der Körperschwerpunkt wird durch deutliches Beugen der Knie nach unten verlagert (Bild 3–6); dies erfolgt zur Unterstützung der Abwärtsbewegung des Schlägers und der Treffstrecke.
- Beim Slice-Lob-Rückhand wird der Arm während der Hauptaktion gestreckt (Bild 4); dies hängt damit zusammen, daß sich der Schlagarm vor dem Körper befindet und beim Ausholen im Ellbogen stark gebeugt wurde; beim Slice-Lob-Vorhand ist der Arm bereits zu Beginn der Hauptaktion gestreckt; das Handgelenk bleibt bei beiden Techniken während der ganzen Hauptaktion relativ fixiert.

**Ausschwungphase**

- Der Schläger schwingt weit nach vorne und oben aus (höher als beim Slice-Vorhand und Rückhand) (Bild 8–10); erfolgt dies nicht, dann wird die gewünschte Treffstrecke beeinträchtigt; außerdem wird nicht genügend Schwung übertragen, so daß die Flugbahn kurz wird
- Die Ausschwungbewegung nach vorne-oben wird durch Strecken des vorderen Beines unterstützt (Bild 9–10).

## Bewegungsspielräume mit ihren Vor- und Nachteilen

### Ausholphase

- Manche Spieler begnügen sich damit, Vorhand und Rückhand mit dem *Semicontinentalgriff* zu schlagen; dies ist vor allem deshalb nicht nachteilig, weil beim Treffen des Balles die Schlagfläche nicht senkrecht gestellt wird
- Individuell ausgeprägt sind in erster Linie die Bewegungsausführung der *Schleife* und der *zeitlich-dynamische Ablauf,* insbesondere beim Übergang zwischen Ausholphase und Schlagphase
- Beim Slice-Lob-Rückhand kann der Arm mehr oder weniger stark *gebeugt* sein.

### Schlagphase

- Wenn der Gegner in der Wettkampfsituation über den beabsichtigten Schlag getäuscht werden und z. B. einen Grundschlag erwarten soll, dann ähnelt das Ausholen dem Ausholen beim Grundschlag und die Hauptaktion wird erst *sehr spät* eingeleitet
- Wenn der Arm in der Ausholphase zum Slice-Lob-Rückhand stark gebeugt war, ist er erst *kurz vor dem Treffpunkt gestreckt.*

### Ausschwungphase

- Je mehr Zeit sich der Spieler für die Schlagbewegung nehmen kann und je mehr er eine lange Treffstrecke anstrebt, desto *länger* ist die *Ausschwungbewegung.*

## Häufige Mängel und Fehler

### Ausholphase

▽ *Keine oder nur geringe Oberkörperdrehung;* dadurch wird die Weite der Ausholbewegung beeinträchtigt; beim Slice-Lob-Rückhand kommt hinzu, daß in der Schlagphase keine lockere Schwungbewegung möglich ist

▽ *Keine Unterstützung der Ausholbewegung mit der linken Hand* beim Slice-Lob-Rückhand; dadurch wird häufig der Oberkörper nicht genügend zurückgedreht und die Bewegungskontrolle, insbesondere beim Übergang zwischen Ausholund Schlagphase, verschlechtert sich.

### Schlagphase

▽ *Strecken der Beine;* dadurch wird vor allem die Treffstrecke stark beeinträchtigt

Abb. 51: Rücklage beim Treffen des Balles

▽ *Rücklage;* dadurch kann beim Schlag keine Gewichtsverlagerung auf das vordere Bein erfolgen, was ebenfalls zur Verschlechterung der Treffstrecke führt (Abb. 51)

▽ *Seitliche Stellung wird sehr früh aufgegeben,* d. h., der ganze Körper rotiert zusammen mit der Schlagbewegung; dadurch wird gleichfalls die Treffstrecke verkürzt

- *Sehr spätes oder vom Körper entferntes bzw. körpernahes Treffen des Balles;* auch diese Fehler führen dazu, daß die Treffstrecke verschlechtert wird
- *Keine Fixation des Handgelenks* beim Treffen des Balles; dies verschlechtert die Ballkontrolle erheblich
- *Kein Strecken des Armes* beim Treffen des Balles; dies zeigt an, daß der Schwung der Schlagbewegung gebremst ist.

### Ausschwungphase

- *Sehr frühes Beenden der Ausschwungbewegung* durch Abblocken des Bewegungsflusses; dadurch wird die Treffstrecke (und somit die Ballkontrolle) stark beeinträchtigt; außerdem wird nicht genügend Schwung übertragen, so daß die Flugbahn kurz wird.

1 2 3 4 5

Abb. 52

## Topspin-Lob

Wie sehen die Aktionen des Spielers beim Topspin-Lob aus, damit er den gewünschten Ballflug verwirklichen kann, und wie lassen sie sich begründen?

**Kennzeichen der Hauptaktion innerhalb der Schlagphase**

- Der Schläger, insbesondere der Schlägerkopf, wird vorwärts und besonders steil aufwärts gegen den Ball geschwungen (Bild 5–7), um die steile Abflugrichtung und den gewünschten starken Vorwärtsdrall zu erreichen
- Die Geschwindigkeit der Schlägerbewegung muß sehr hoch sein, damit der Ball den gewünschten starken Vorwärtsdrall erhält
- Die Treffstrecke ist relativ kurz und sehr steil vorwärts-aufwärts gerichtet (Bild 6, 7)
- Der Ball wird seitlich und vor der vorderen Hüfte mit fixiertem Handgelenk und senkrechter Schlagfläche getroffen (zwischen Bild 6 und 7).

### Kennzeichen der Hilfsaktionen

**Ausholphase**

- Zu Beginn der Ausholphase, d. h. in der Ausgangsstellung, wird der Schläger mit Easterngriff (bzw. Continentalgriff bei Rückhand) gefaßt, so daß die Schlagfläche beim Treffen senkrecht gestellt und eine optimale Energieübertragung erzielt werden kann
- Beim Topspin-Lob-Rückhand wird die Ausholbewegung dadurch eingeleitet, daß die linke Hand den Schläger am Schlägerhals zurückführt, damit die Ausholbewegung stabilisiert und der Oberkörper weiter zurückgedreht werden kann
- Beim Topspin-Lob-Vorhand wird das rechte Bein, das bei der Schlagbewegung als Abdruckbein (»Stemmbein«) benutzt wird, über einen Drehschritt (Bild 1) zur Seite belastet; die Schlagstellung ist offen. Beim Topspin-Lob-Rück-

6 7 8 9 10

hand wird eine ausgeprägt seitliche Stellung eingenommen

- Der Oberkörper wird zurückgedreht (bei Rückhand besonders stark), der Schläger wird mit fließendem und sehr deutlichem bogenförmigem Übergang zur Schlagphase zurückgeführt (Bild 1–3), damit die Gesamtbewegung flüssig bleibt
- Der Körperschwerpunkt wird durch betontes Beugen der Knie und Belasten des rechten Beines (bei Topspin-Lob-Rückhand und -Vorhand) nach unten verlagert (Bild 2, 3) und der Schlägerkopf wird im Übergang zur Schlagphase sehr tief gesenkt (Bild 3–5), damit vor allem die Schlägerspitze in der Schlagphase steil aufwärts geschwungen werden kann.

**Schlagphase**

- Bereits beim Übergang zwischen Aushol- und Schlagphase beginnt beim Topspin-Lob-Vorhand die explosive Beinstreckung zur Unterstützung der steilen Aufwärtsbewegung, wobei vor allem das rechte Bein, d. h. das schlagarmnahe Bein, das kraftvolle Abdrücken vom Boden bewirkt (Bild 4–6); bei Rückhand fällt die Beinstreckung weniger explosiv und damit auch zeitlich etwas später als bei Vorhand aus
- Der Oberkörper wird beim Topspin-Lob-Vorhand zusammen mit der Schlagbewegung nach vorne gedreht, so daß der Schläger nicht nur steil aufwärts, sondern auch – im Interesse einer optimalen Energieübertragung – leicht vorwärts geschwungen werden kann
- Beim Topspin-Lob-Rückhand bleibt das Körpergewicht auf dem vorderen Bein verlagert, die Oberkörperdrehung ist gering und die seitliche Fuß- und Körperstellung wird über den Treffpunkt hinaus beibehalten, damit die ideale Treffstrecke erreicht werden kann
- Beim Topspin-Lob – Vorhand und Rückhand ergibt sich jedoch insgesamt (vor allem auch im Vergleich zum Topspin) eine leichte Rücklage; sie ermöglicht das steile Aufwärtsschwingen auch bei hohem Treffpunkt.

**Ausschwungphase**

- Die Schlagbewegung wird lange in Richtung der Treffstrecke fortgesetzt (Bild 7–10), dadurch schwingt zum einen der Schlag aus, zum anderen garantiert dies eine in der Schlagphase optimal durchgeführte Treffstrecke
- Am Ende der Ausschwungphase befindet sich der Schläger deutlich über Kopfhöhe (Bild 10).

## Bewegungsspielräume mit ihren Vor- und Nachteilen

### Ausholphase

- Die *Ausprägung des Vorhand- bzw. Rückhandgriffes* ist individuell verschieden (siehe Band 2, S. 21 f.)
- Individuell ausgeprägt sind in erster Linie die Bewegungsausführung der *Schleife* und der *zeitlich-dynamische Ablauf,* insbesondere beim Übergang zwischen dem Zurückführen des Schlägers in der Ausholphase und seiner Aufwärtsbewegung in der Schlagphase.

### Schlagphase

- Der Topspin-Lob-Vorhand kann auch mit *gestrecktem Arm* geschlagen werden, wobei zur Beschleunigung des Schlägerkopfes der Arm um die Längsachse gedreht wird (Abb. 53)

Abb. 54: Rücklage beim Schlag

- Die Rücklage in der Schlagphase kann unterschiedlich stark ausgeprägt sein; *starke Rücklage* begünstigt die senkrechte Aufwärtsbewegung des Schlägerkopfes (Abb. 54).

Abb. 55: Ausschwung über die Schlagschulter

### Ausschwungphase

- Je länger die Treffstrecke ist, desto *länger ist auch die Ausschwungbewegung*
- Der Schläger kann *über die Schlagschulter ausgeschwun-*

Abb. 53: Schlag mit gestrecktem Arm

Abb. 56: Ausschwung mit »Scheibenwischer-Bewegung«

gen werden (Abb. 55), besonders bei tiefem und etwas späterem Treffpunkt

- Bei starkem Einsatz des Unterarms und sehr frühem Treffpunkt erfolgt ein Ausschwung zur linken Seite (»Scheibenwischer-Bewegung«) (Abb. 56).

### Häufige Mängel und Fehler

#### Ausholphase

▽ Kein ausgeprägter Vorhand- bzw. Rückhandgriff; dadurch ist keine optimale Energieübertragung möglich

▽ Eine sehr seitliche Stellung beim Topspin-Lob-Vorhand; dadurch wird die Belastung und Beugung des rechten Beines erschwert und die Oberkörperdrehung in der Schlagphase beeinträchtigt

▽ Keine ausgeprägte seitliche Stellung beim Topspin-Lob-Rückhand; dies führt zu einer Verkürzung der Ausholbewegung

▽ Keine oder nur geringe Oberkörperdrehung; dadurch wird die Weite der Ausholbewegung und somit die anschließende Beschleunigung des Schlägers beeinträchtigt

▽ Keine Unterstützung der Ausholbewegung mit der linken Hand beim Topspin-Lob-Rückhand; dadurch wird häufig der Oberkörper nicht genügend zurückgedreht und die Bewegungskontrolle, insbesondere beim Übergang zwischen Aushol- und Schlagphase verschlechtert sich

Abb. 57: Kein Senken des Schlägerkopfes

Abb. 58: Seitliche Stellung wird nicht beibehalten

▽ Geringes Beugen der Knie; auch hierdurch wird die Bewegungsbeschleunigung beeinträchtigt.

#### Schlagphase

▽ Kein ausreichendes Senken des Schlägerkopfes beim Übergang von Aushol- zur Schlagphase (Abb. 57)

▽ Sehr frühes Strecken der Beine; dadurch wird die Bewegungskopplung des Schlagablaufs gestört

▽ Seitliche Stellung wird sehr früh aufgegeben (Abb. 58) (beim Topspin-Lob-Rückhand), d. h. der ganze Körper rotiert zusammen mit der Schlagbewegung; dadurch wird die Treffstrecke verkürzt

▽ Geringe Beschleunigung des Schlägers, insbesondere der Schlägerspitze; dadurch erhält der Ball nicht genügend Vorwärtsdrall

▽ Sehr spätes oder vom Körper entferntes bzw. körpernahes Treffen des Balles; auch diese Fehler führen dazu, daß die Treffstrecke verschlechtert wird

▽ Keine Fixation des Handgelenkes beim Treffen des Balles; dies verschlechtert die Kontrolle beim Treffen erheblich.

#### Ausschwungphase

▽ Sehr kurzes Beenden der steilen Aufwärtsbewegung durch Abblocken des Bewegungsflusses; dies ist ein Zeichen dafür, daß der Schwungeinsatz schon in der Treffstrecke gebremst wurde oder überhaupt nicht genügend vorhanden war.

# Schmetterball im Sprung

In welchen Situationen und mit welchen Absichten wird die Technik angewandt, wie ist der Ballflug?

### Situationen

- Der Schmetterball im Sprung wird am häufigsten bei einem sehr guten Lob des Gegners im Mittelfeld vor oder hinter der Aufschlaglinie geschlagen.

### Absichten

- Ein langer, aber flacher und noch im Sprung erreichbarer Lob soll so geschlagen werden, daß ihn der Gegner nicht mehr erreichen kann
- Ein langer und ein gut plazierter Lob, der allerdings gerade noch im Sprung geschmettert werden kann, soll weicher aber plaziert geschlagen werden, um Zeit zu gewinnen und eine gute Ausgangsposition zur Fortsetzung des Angriffs zu erreichen. Wenn der Ball nicht mehr im Sprung geschmettert werden kann, dann besteht für den Gegner die Möglichkeit, selbst zum Angriff überzugehen.

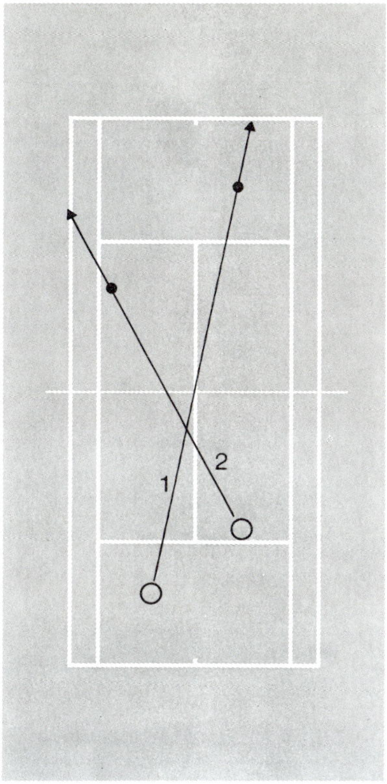


Abb. 59: Absichten

### Ballflug

- Der Ball soll mit hoher Geschwindigkeit und wenig Drall gespielt werden
- Oder der Ball soll langsamer und mit etwas mehr Drall fliegen.

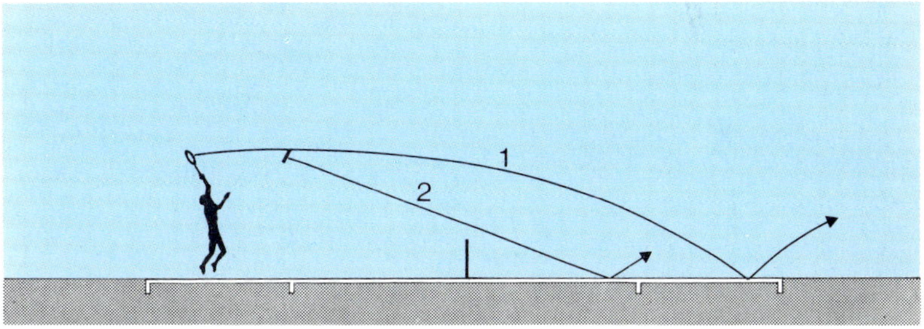


Abb. 60: Ballflug

1 2 3 4 5 6 7
Abb. 61

## Schmetterball im Sprung

Wie sehen die Aktionen des Spielers beim Schmetterball im Sprung aus, damit er den gewünschten Ballflug verwirklichen kann, und wie lassen sie sich begründen?

**Kennzeichen der Hauptaktion innerhalb der Schlagphase**

- Der Schlägerkopf wird hinter dem Rücken steil aufwärts-vorwärts beschleunigt, damit er im Treffpunkt die optimale Geschwindigkeit hat (Bild 6–9)
- Die Treffstrecke ist sehr kurz und leicht vorwärts-abwärts gerichtet
- Der Ball wird über oder etwas vor dem Kopf getroffen und die Schlagfläche ist im Treffpunkt je nach Ziel senkrecht oder leicht nach vorn geneigt, damit der Ball die gewünschte Flugbahn erhält (Bild 9)
- Die Schlagfläche wird vor allem aufgrund der Pronation des Armes erst kurz vor der Treffstrecke senkrecht zur Schlagrichtung gedreht (Bild 8, 9).

8 9 10 11 12 13 14

**Kennzeichen der Hilfsaktion**

**Ausholphase**

- Der Schläger wird mit dem Continentalgriff gefaßt, um einen optimalen Treffpunkt zu erreichen
- Zu Beginn der Ausholphase wird der Schläger im Gegensatz zum Aufschlag vor der rechten Körperseite nach hinten-oben geführt (Bild 2, 3)
- Das Körpergewicht wird auf den rechten Fuß, der nach hinten gesetzt wird, verlagert
- Der linke Arm streckt sich aus Gleichgewichtsgründen in die Höhe; so wird auch die Rückwärtsneigung der Schulterachse unterstützt (Bild 2, 3).

**Schlagphase**

- Zu Beginn der Schlagphase springt man mit dem rechten Bein ab; aus Gleichgewichtsgründen kommt es zu einer Scherbewegung der Beine in der Luft
- Des Schläger wird mit optimaler Geschwindigkeit durch den tiefsten Punkt der Schleife zum Treffpunkt geschwungen (Bild 4–7)
- Die Streckung des Armes setzt sich fließend in der Bewegung des Handgelenkes fort (Bild 7–9)
- Der Oberkörper wird zur Unterstützung der Schlagbewegung in die frontale Stellung gedreht und ist bedingt durch den Absprung nach hinten geneigt (Bild 6–9)
- Der Ball wird im höchstmöglichen Punkt getroffen (Bild 9).

**Ausschwungphase**

- Nach dem Treffpunkt rotiert der Unterarm im Vergleich zum Aufschlag verzögert und der Ausschwung endet ungefähr vor der linken Körperhälfte (Bild 14); das Kippen des Handgelenkes nach rechts ist nicht so ausgeprägt (Bild 10, 11)
- Der Spieler landet auf dem linken Fuß, das rechte Bein zeigt aus Gleichgewichtsgründen nach vorne, der Oberkörper ist mehr oder weniger nach vorne geneigt (Bild 12)
- Ebenfalls aus Gleichgewichtsgründen bewegt sich der linke Arm vor den Körper (Bild 10, 11).

## Bewegungsspielräume mit ihren Vor- und Nachteilen

### Ausholphase

- Manche Spieler halten den Schläger mit dem *Semicontinentalgriff;* dieser Griff kann allerdings eine gewisse Bewegungseinschränkung im Handgelenk verursachen
- Manche Spieler holen mit einer *Pendelbewegung* wie beim Aufschlag aus; diese führt besonders bei schnellen Lobs zur Zeitknappheit und zur Verspätung des Armschwungs. Eine verflachte Pendelbewegung sollte in solchem Fall angestrebt werden; bei manchen Spielern führt die Pendelbewegung allerdings zur Unterstützung der Absprungbewegung und zu besserer Harmonie der Gesamtbewegung
- Je nachdem, wie weit der Lob vom Gegner über die linke Schulter des Spielers gespielt wird, ist die *Oberkörperdrehung verschieden stark ausgeprägt*
- *Der Zeitpunkt des Absprungs kann unterschiedlich sein;* ein relativ früher und damit höherer Absprung erlaubt die Schlagbewegung etwas zu verzögern und den Gegner länger im unklaren zu lassen, wohin der Ball geschmettert wird.

### Schlagphase

- Manche Spieler führen die *Schleife* hinter dem Rücken genausoweit aus wie beim Aufschlag; dies kann den Nachteil haben, daß der Ball bei Zeitnot dadurch zu spät getroffen wird; außerdem kann das bei einem Schmetterball im Sprung zu Koordinationsproblemen führen
- Bei einem langen Lob muß man den Ball oft in *starker Rücklage des Oberkörpers* schlagen, wodurch der Körpereinsatz nicht optimal ist; bei solchem Schmetterball wird häufig auch mehr Drall eingesetzt.

### Ausschwungphase

- Bei Lobs, die weit hinten getroffen werden, erfolgt die Schlagbewegung fast nur mit dem Arm und der *Ausschwung endet in Brusthöhe;* dabei muß die zum Ausgleich dienende *Scherenbewegung mit dem rechten Bein weit mehr ausgeprägt sein.*

Abb. 62: Schlag mit gebeugtem Arm

## Häufige Mängel und Fehler

### Ausholphase

▽ *Easterngriff;* dadurch wird die Streckung des Handgelenkes zum Treffpunkt beeinträchtigt und der Ball kann nicht im höchstmöglichen Punkt getroffen werden

▽ *Keine Rotation des Körpers,* dadurch wird der richtige Einsatz des Oberkörpers verhindert und der Schlag wird unsicher und langsamer

▽ Die *Pendelbewegung und die Schleife* hinter dem Rücken werden auch in Zeitnot genauso *weiträumig* ausgeführt wie beim Aufschlag; dadurch ist vor allem bei schnellen Lobs die Schwungbahn des Schlägers zu lang und der Ball wird zu spät getroffen.

### Schlagphase

▽ *Nicht angemessener hoher Absprung;* dadurch ist kein optimaler Treffpunkt möglich

▽ *Sehr früher oder später Absprung;* dadurch ist die Koordination des Schlagablaufes gestört

▽ *Keine Streckung von Schlagarm und Handgelenk;* dadurch wird der Ball mit vermindertem Schwung und nicht im höchstmöglichen Punkt getroffen (Abb. 62)

▽ *Bewegungsrichtung des Schlägers erfolgt schräg zur Schlagrichtung;* dadurch bekommt der Ball viel Drall und zu wenig Geschwindigkeit

▽ *Treffen des Balles seitlich über der rechten Schulter;* dieser und nachstehender

Abb. 63: Tiefer Treffpunkt

Abb. 64: Nach dem Schmettern Landung auf dem rechten Bein (Absprungbein)

Fehler führen dazu, daß der Ball nicht im optimalen Punkt getroffen wird

▽ *Tiefer Treffpunkt* (Abb. 63)

▽ *Sehr frühes Vorbringen des Oberkörpers;* dadurch wird die Gesamtkoordination der Bewegung erheblich gestört.

**Ausschwungphase**

▽ *Landen auf dem rechten Bein* (Abb. 64); dadurch ist es schwer, nach dem Treffen das Gleichgewicht zu erlangen

▽ *Sehr kurzer Ausschwung;* dies ist ein Zeichen, daß mit zu wenig Schwung geschlagen wurde.

DUNLOP
DUNLOP

# Rückhand-Schmetterball

In welchen Situationen und mit welchen Absichten wird die Technik angewandt, wie ist der Ballflug?

### Situationen

- Der Rückhand-Schmetterball wird am häufigsten im Mittelfeld geschlagen (zwischen Netz und ca. 1 m hinter der Aufschlaglinie); er ist eine Antwort auf einen überraschenden Flugball-Lob oder einen Lob aus dem Mittelfeld des Gegners, der deutlich über die Rückhandseite des Spielers gespielt wird, so daß kein normaler Schmetterball mehr möglich ist.

### Absichten

- Der Rückhand-Schmetterball wird trotz technisch schwieriger Ausführung angewandt, weil man den Gegner unter Druck setzen und weiterhin eine gute Angriffsposition haben möchte; würde man nämlich den Ball aufspringen lassen, käme man selbst in Bedrängnis, denn der Gegner hätte seinerseits gute Möglichkeiten für einen Angriff

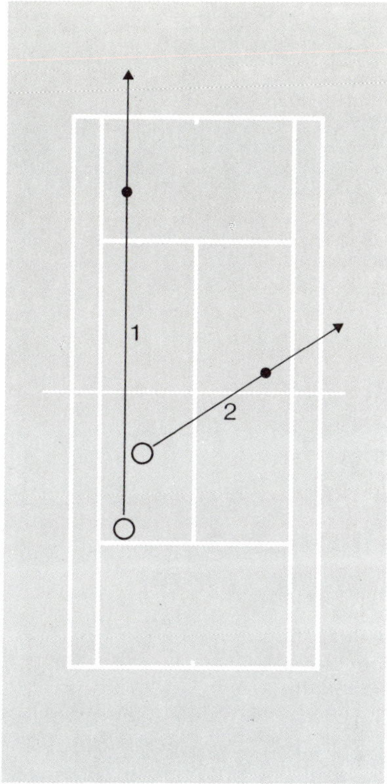


Abb. 65: Absichten

- Der Rückhand-Schmetterball soll so gespielt werden, daß ihn der Gegner nicht mehr erreichen kann oder in Bedrängnis bleibt; er wird entweder cross und kurz (2) oder longline und lang gespielt (1)
- Ein hinter der T-Linie zu schlagender Rückhand-Schmetterball soll so gespielt werden, daß der Ball sicher und möglichst weit in das gegnerische Feld fliegt; nur so ist eine günstige Spielfortsetzung möglich.

### Ballflug

- Der Ball soll mit relativ hoher Geschwindigkeit fliegen
- Oder der Ball soll langsam mit etwas Seitwärtsdrall und kurz cross gespielt werden.

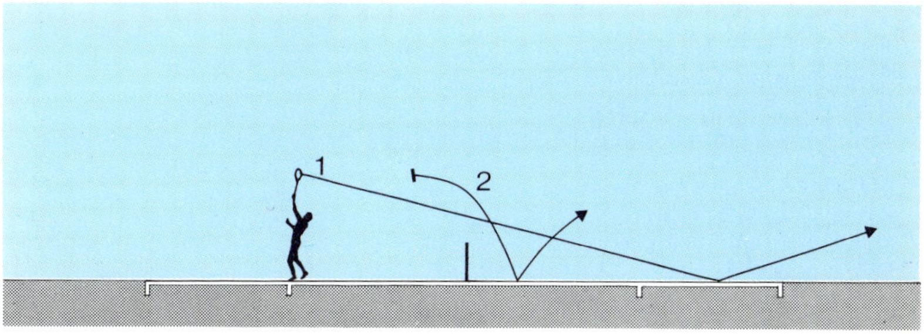


Abb. 66: Ballflug

1 2 3 4 5 6 7

Abb. 67

## Rückhand-Schmetterball

Wie sehen die Aktionen des Spielers beim Rückhand-Schmetterball aus, damit er den gewünschten Ballflug verwirklichen kann, und wie lassen sie sich begründen?

**Kennzeichen der Hauptaktion innerhalb der Schlagphase**

- Der Schlägerkopf wird steil aufwärts-vorwärts beschleunigt (Bild 7–9)
- Die Schlagfläche steht schon zu Beginn der Hauptaktion annähernd senkrecht zur Schlagrichtung (Bild 9), damit der Schläger mit dieser Stellung kontrolliert durch die Treffstrecke geschwungen werden kann
- Die Treffstrecke ist sehr kurz und leicht vorwärts-abwärts gerichtet
- Die Schlagfläche ist im Treffpunkt leicht nach vorne geneigt (Bild 9–10), damit der Ball die gewünschte Flugbahn erhält
- Der Treffpunkt befindet sich über und etwas vor dem Körper (zwischen Bild 9 und 10).

8 9 10 11 12 13 14

**Kennzeichen der Hilfsaktionen**

**Ausholphase**

- Der Schläger wird mit dem Continentalgriff gefaßt, um einen optimalen Treffpunkt zu erreichen
- Zu Beginn der Ausholbewegung wird der Schläger über die Rückhandseite nach hinten geführt, wobei sich der Oberkörper gleichzeitig so nach links dreht, daß die halbe Rükkenseite zum Netz zeigt (Bild 1–4)
- Dabei wird der Ellbogen so stark angehoben, daß der Schläger senkrecht nach unten hängt (Bild 5, 6)
- Der Oberkörper neigt sich rückwärts, so daß die Schlagschulter nach oben kommt und die Schulterachse steil nach oben zeigt (Bild 4–6); dies ist die Voraussetzung dafür, daß beim Schlag der gewünschte hohe Treffpunkt erreicht werden kann
- Das Körpergewicht wird auf den linken (hinteren) Fuß verlagert (Bild 1–4)
- Im zweiten Teil der Ausholphase springt der Spieler vom hinteren Fuß ab (Bild 4, 5), um den höchstmöglichen Treffpunkt zu erreichen
- Während der Ausholphase bleibt die linke Hand zur Unterstützung und zur Stabilisierung der Ausholbewegung am Schlägerhals bis zum tiefsten Punkt der Schleife (Bild 1–5).

**Schlagphase**

- Die Streckung des Armes erfolgt im Sinne einer kinematischen Kette zunächst über das Schultergelenk, dann über das Ellbogen- (Bild 6–8) und schließlich über das Handgelenk (Bild 9, 10); im Treffpunkt sind Arm und Oberkörper voll gestreckt (zwischen Bild 9 und 10)
- Der Oberkörper bleibt dabei mit dem halben Rücken zum Netz gedreht, um den optimalen Schwungeinsatz des Armes zu ermöglichen.

**Ausschwungphase**

- Nach dem Treffpunkt schwingt der Arm aufgrund der hohen Geschwindigkeit des Schlägerkopfes im Treffpunkt weiter in Schlagrichtung; insbesondere das Handgelenk bewegt sich – ebenfalls bedingt durch die hohe Geschwindigkeit – zunehmend in Schlagrichtung, so daß der Schlägerkopf stark nach unten kippt (Bild 10–12)
- Der Oberkörper bleibt mit der rechten Rückenhälfte zum Netz gedreht (Bild 10–14)
- Der linke Arm und das rechte Bein dienen ausschließlich zum Gleichgewichtsausgleich.

**Anmerkung:**
In der Bildreihe ist der Schlag mit starkem Handgelenkseinsatz dargestellt (siehe Bewegungsspielräume, Schlagphase, 2. Punkt).

**Bewegungsspielräume mit ihren Vor- und Nachteilen**

**Ausholphase**

- Manche Spieler halten den Schläger mit dem *Semicontinentalgriff;* bei diesem Griff ist allerdings die optimale Stellung der Schlagfläche im Treffpunkt schwieriger zu erreichen
- Zu *Beginn der Ausholbewegung* kann der Schlägerkopf nach hinten-oben mit einem deutlichen oberen Bogen, aber auch nur nach hinten-unten zurückgeführt werden
- Manche Spieler lassen den *Schlägerkopf* nach dem oberen Bogen *nicht bis in die senkrechte Stellung* fallen, der dadurch verkürzte Schwungeinsatz muß dann in der Schlagphase entweder durch wesentlich größeren Kraft- oder Handgelenkseinsatz ausgeglichen werden.

**Schlagphase**

- Manche Spieler treffen den Ball *nicht im höchstmöglichen Punkt,* sondern etwas tiefer und rechts von der rechten Schulter, sie stehen nicht unter dem Ball; der Schlag ähnelt eher einem hohen Flugball-Rückhand, wobei der Schlagwinkel ungünstiger ist
- Manche Spieler beschleunigen beim Rückhand-Schmetterball den Schläger bis zum Treffpunkt bewußt *mit starkem Handgelenkseinsatz;* die Schlaggeschwindigkeit ist sehr hoch; eine wichtige Voraussetzung für diese Art des Schlagens ist allerdings, daß der Spieler ein kräftiges Handgelenk hat.
- Der Rückhand-Schmetterball kann auch *aus dem Stand* geschlagen werden.

**Ausschwungphase**

- Bei einem langen Lob über die linke Schulter ist der Schwungeinsatz etwas begrenzt, die *Schlaggeschwindigkeit ist langsam* und dadurch wird der Ausschwung stark verkürzt
- Beim Schlagen mit starkem Handgelenkeinsatz ist der *Ausschwung stark verkürzt;* der Schlagarm bleibt nahezu senkrecht nach oben gerichtet (Abb. 67); der Ausschwung wird begrenzt durch die Beweglichkeit des Handgelenks
- Beim Schlag aus dem Stand erfolgt die *Gewichtsverlagerung vom linken auf das rechte Bein* in Richtung Netz
- Beim Schlag aus dem Sprung landen die Spieler zumeist auf demselben Bein, mit dem sie abgesprungen sind; je nach Treffpunkt des Balles kann es aber auch vorkommen, daß der Spieler den Ball so schlagen muß, daß dabei der volle Rükken zum Netz zeigt; dann kreuzen die Beine in der Luft, so daß der *Spieler auf dem rechten Bein landet* (Abb. 68).

Abb. 68: Landung auf dem rechten Bein

### Häufige Mängel und Fehler

**Ausholphase**

▽ *Easterngriff;* der Ball kann nicht im höchstmöglichen Punkt getroffen werden und der Einsatz des Handgelenkes ist beeinträchtigt

▽ *Kein weites Zurückdrehen des Oberkörpers;* dadurch wird die Ausholbewegung stark verkürzt

▽ *Kein Anheben des Ellbogens* am Ende der Ausholbewegung über die rechte Schulter (Abb. 69); dadurch wird die Ausholbewegung stark verkürzt und der Ball häufig zu tief getroffen

▽ Der *Schläger wird über die linke Schulter* hinter den Rücken geführt; dadurch wird die Ausholbewegung zu lang durchgeführt und die Bewegungskontrolle in der Schlagphase beeinträchtigt.

Abb. 69: Kein Anheben des Ellbogens

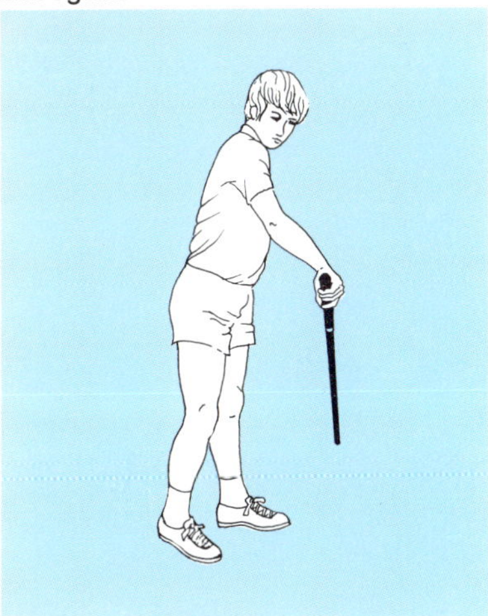

Abb. 70: Schlagen mit gebeugtem Arm

Abb. 71: Ausschwung mit fixiertem Handgelenk

**Schlagphase**

▽ Die Schlagbewegung erfolgt *nicht schwungvoll;* der Unterarm hängt am Ende der Ausholbewegung nicht locker genug; es kann keine optimale Beschleunigung des Schlägers erzielt werden

▽ *Keine Durchstreckung von Schlagarm und Körper* (Abb. 70); dadurch wird der Ball mit vermindertem Schwung und nicht im höchstmöglichen Punkt getroffen

▽ *Rotation des Oberkörpers in Schlagrichtung;* dadurch wird der Schläger in der Schlagphase nach rechts geleitet, womit der optimale Schwungeinsatz in Richtung Treffpunkt beeinträchtigt wird und die gewünschte Stellung der Schlagfläche im Treffpunkt durch Drehung des Unterarmes korrigiert werden muß

▽ *Keine oder geringe Handgelenksbewegung* in der Hauptaktion; dadurch wird der Schläger zu wenig beschleunigt, so daß der Ball nicht hart genug geschlagen werden kann.

**Ausschwungphase**

▽ *Schwingen des ganzen Armes* nach dem Treffpunkt mit *fixiertem Handgelenk* (Abb. 71); dies ist ein Zeichen dafür, daß der Ball mit wenig Schwung geschlagen wurde

▽ *Drehen des Oberkörpers frontal in Schlagrichtung;* dies ist ein Zeichen dafür, daß der Oberkörper in der Schlagphase rotiert hat.

KA sport
ROMIKA sport

# Aufschlag – Slice und Twist

In welchen Situationen und mit welchen Absichten wird die Technik angewandt, wie ist der Ballflug?

Beim Slice- und beim Twist-Aufschlag werden dem Ball (im Vergleich zum Aufschlag als Grundschlag – siehe Lehrplan 2, S. 73) relativ viel Vorwärts- und Seitwärtsdrall vermittelt. Beim Sliceaufschlag überwiegt der Seitwärtsdrall, beim Twist-Aufschlag dagegen der Vorwärtsdrall.

**Situationen**

- Slice- und Twist-Aufschlag werden hinter der Grundlinie und je nach Spielstand rechts oder links von der Mitte stehend geschlagen; meistens wird diese Technik als zweiter Aufschlag angewandt.

**Absichten**

- Der Ball soll in das schräg gegenüberliegende Aufschlagfeld geschlagen werden
- Mit dem Slice- bzw. Twist-Aufschlag soll man versuchen, den Gegner durch eine Kombination von Drall, Geschwindigkeit und Genauigkeit des Balles so in Bedrängnis zu bringen, daß er entweder einen Returnfehler macht oder aber dem Aufschläger (bedingt durch einen schwachen Return) einen direkten Punkt mit dem nächsten Schlag erlaubt.

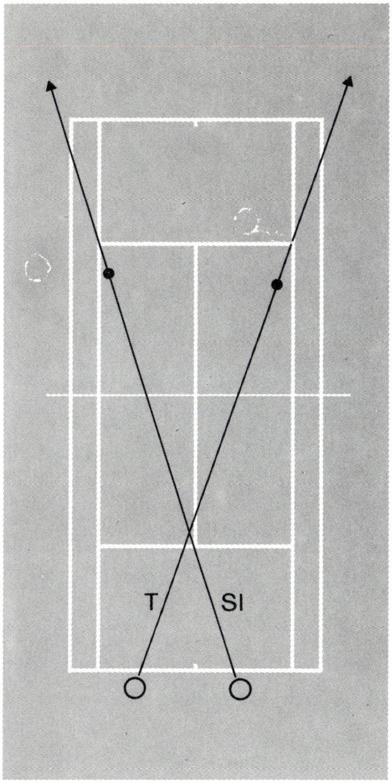


Abb. 72: Absichten

- Ein Slice-Aufschlag von rechts auf die Vorhandseite des Gegners soll so gespielt werden, daß dieser seitlich weit aus dem Platz hinausgetrieben wird; die Auswirkungen des Seitwärtsdralls des Slice-Aufschlags beim Absprung sind für den Gegner um so unangenehmer, je glatter der Boden ist; man wendet ihn also vor allem in der Halle an
- Einen Twist-Aufschlag schlägt man meistens von der linken Seite auf die Rückhand des Gegners, um ihn seitlich aus dem Platz hinauszutreiben und zu einem hohen Treffpunkt zu zwingen, da dieser Aufschlag nach seinem Absprung hoch wegspringt.
  Die Auswirkungen des Vorwärtsdralls beim Absprung sind für den Gegner um so unangenehmer, je rauher der Boden ist, weil hier die Wirkung des Dralls besonders deutlich ist.

**Ballflug**

- Der Ball soll beim Slice-Aufschlag mit stärkerem Seitwärts- als Vorwärtsdrall in einer flacheren Flugkurve fliegen
- Beim Twist-Aufschlag soll er mit einem stärkeren Vorwärtsdrall in einer höheren und stärker gekrümmten Bahn über das Netz fliegen.

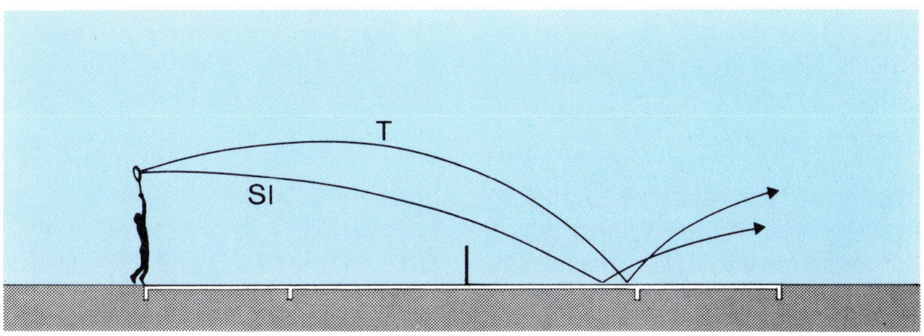


Abb. 73: Ballflug

Abb. 75a: Slice-Aufschlag

1 2 3 4 5 6 7 8

Abb. 75b: Twist-Aufschlag

# Aufschlag – Slice und Twist

Wie sehen die Aktionen des Spielers beim Slice- (Abb. 75a) bzw. Twist-Aufschlag (Abb. 75b) aus, damit er den gewünschten Ballflug verwirklichen kann, und wie lassen sie sich begründen?

**Kennzeichen der Hauptaktion innerhalb der Schlagphase**

- Der Schlägerkopf wird hinter dem Rücken steil aufwärts-vorwärts beschleunigt (Bild 9–12), so daß er im Treffpunkt die optimale Geschwindigkeit erreicht
- Je nach der Schlagart (Slice oder Twist) wird der Schläger durch den Treffpunkt hindurch eher schräg seitwärts (Slice) oder mehr schräg aufwärts (Twist) geschwungen (Bild 11, 12)
- Die Treffstrecke ist sehr kurz; beim Slice ist sie leicht vorwärts-aufwärts und schräg nach vorne gerückt, beim Twist verläuft sie steil vorwärts-aufwärts

9 10 11 12 13 14 15 16

- Der Schlägerkopf ist im Treffpunkt beinahe senkrecht zum Boden und rechtwinklig zur Schlagrichtung (Bild 12), damit der Ball die gewünschte Flugbahn erhält
- Der Ball wird im höchstmöglichen Punkt vor dem linken Fuß ca. 20 cm vor der Grundlinie getroffen, um die Gewichtsverlagerung nach vorne-oben gewährleisten zu können. Je nach Drallkombination kann allerdings der Ball im Vergleich zum Aufschlag (Grundtechnik) ein wenig weiter rechts (beim Slice) oder weiter links (beim Twist) getroffen werden (Bild 12).

**Kennzeichen der Hilfsaktionen**

**Ausholphase**

- Der Schläger wird mit dem Continentalgriff gefaßt
- Die Beine stehen etwa in Schulterbreite auseinander (Bild 1), um eine stabile Ausgangsstellung zu haben
- Zu Beginn der Ausholbewegung wird der Schläger in einer Pendelbewegung im unteren Bogen zuerst abwärts

und dann aufwärts bis in Schulterhöhe geführt (Bild 1–4)

- Gleichzeitig wird der Oberkörper rückwärts gedreht und das Körpergewicht kurzfristig auf den rechten Fuß verlagert (Bild 1–4); die Oberkörperdrehung ist beim Slice etwas stärker ausgeprägt als beim Twist
- Mit dem Anfang der Pendelbewegung wird aus koordinativen Gründen der Ball mit dem sich streckenden linken Arm bei festem Handgelenk hochgeführt (Bild 2–4)
- Das Aufwärtsführen des Wurfarms erfolgt etwa in Richtung des rechten Netzpfostens, damit der Ball gut kontrolliert zum optimalen Treffpunkt geworfen werden kann (Bild 4)
- Der Ball verläßt die Hand etwa in Stirnhöhe (Bild 3), um die Wurfhöhe und Wurfrichtung gut kontrollieren zu können
- Der Ball wird so hoch geworfen, daß er nach dem Kulminationspunkt getroffen werden kann
- Bei der Gewichtsverlagerung auf den linken Fuß fängt der Oberkörper mit der Rückwärtsneigung an (Bild 5)
- Das Becken wird hierbei nach vorne geschoben
- Die Knie, vor allem das linke, beugen sich (Bild 5, 6)
- Der Oberkörper neigt sich zunehmend nach rückwärts (Bild 6, 7); dies vervollständigt die Bogenspannung, wobei diese beim Twist-Aufschlag in der Regel etwas größer ist als beim Slice-Aufschlag; die Bogenspannung ermöglicht u. a. einen langen Beschleunigungsweg und unterstützt die gewünschte optimale Beschleunigung in der Hauptaktion
- Während sich die Knie beugen, wird durch das Beugen des Ellbogens der Schläger über die rechte Schulter geführt (Bild 5, 6).

**Schlagphase**

- Die Streckung des Körpers zum Treffpunkt wird von unten nach oben eingeleitet, d. h. zuerst strecken sich die Beine (Bild 6–9)
- Danach streckt sich der Oberkörper, der Schläger wird mit optimaler Geschwindigkeit aus dem tiefsten Punkt der Schleife zum Treffpunkt geschwungen (Bild 9–12)
- Während der Streckung des Körpers dreht sich der Oberkörper in Schlagrichtung, diese Oberkörperdrehung ist beim Slice-Aufschlag stärker ausgeprägt als beim Twist-Aufschlag, d. h. der Oberkörper ist im Treffpunkt beim Twist nicht frontal ausgerichtet wie beim Slice; das Körpergewicht befindet sich auf dem linken Fuß
- Im Rahmen der Hauptaktion wird im Sinne der kinematischen Kette (siehe Band 2 S. 26 f.) nach der Streckung der Beine und des Oberkörpers der Ellbogen gestreckt; schließlich wird kurz vor dem Treffpunkt durch Streckung des Handgelenks der Schläger mit hoher Geschwindigkeit zum Treffpunkt geschwungen (Bild 10–12)
- Der Schlagarm wird also voll durchgestreckt, und die Schulter des Schlagarmes soll so hoch wie möglich sein, damit der Ball im höchstmöglichen Punkt getroffen werden kann; beim Treffen befinden sich linker Fuß, rechte Schulter und Schlaghand auf einer Achse (Bild 12)
- Aus Gründen der Koordination und der Gewichtsverlagerung hebt der rechte Fuß vom Boden ab; beim Slice überholt er den linken Fuß in der Hauptaktion aufgrund der Bewegungsrichtung des Armes und der relativ starken Oberkörperdrehung nach vorne (Bild 10–12); beim Twist bewegt sich der rechte Fuß in der Hauptaktion aufgrund der Richtung der Schlagbewegung und der relativ geringen Oberkörperdrehung seitwärts-rückwärts (Bild 10–12)
- Die Treffstrecke ist beim Slice- bzw. Twist-Aufschlag aufgrund der Bewegungsrichtung des Schlägers, die zur Erzielung des jeweils gewünschten Dralls erforderlich ist, im Vergleich zum Grundschlag noch etwas kürzer.

**Ausschwungphase**

- Nach dem Treffen rotiert der rechte Unterarm nach außen und schwingt dabei nach rechts ab (Bild 13, 14); der erste Teil des Ausschwungs ist beim Twist aufgrund der Bewegungsrichtung des Schlägers mehr nach rechts gerichtet (Bild 13, 14), als dies beim Slice der Fall ist

- Aufgrund der hohen Beschleunigung des Schlägers in der Hauptaktion und der Rotation des Armes zu Beginn der Ausschwungphase kippt das Handgelenk nach rechts-vorwärts ab (Bild 14, 15)
- Beim Slice-Aufschlag folgt der Oberkörper dem Ball in die Schlagrichtung (Bild 14, 15); beim Twist-Aufschlag neigt sich der Körper aus Koordinations- und Gleichgewichtsgründen zunächst (mit nur wenig Rotation) leicht nach links, um dann auch in Schlagrichtung zu drehen (Bild 14, 15)
- Bei beiden Aufschlägen setzt der rechte Fuß im Platz auf und fängt das Körpergewicht ab
- Der Arm schwingt vor dem Körper im unteren Bogen zur linken Körperseite aus (Bild 16); dies erfolgt aus Gleichgewichtsgründen und um das Überdrehen des Körpers zu verhindern.

**Bewegungsspielräume mit ihren Vor- und Nachteilen**

**Ausholphase**

- Manche Spieler benutzen den *Semicontinentalgriff;* dieser Griff kann allerdings eine gewisse Bewegungseinschränkung im Handgelenk verursachen
- Es gibt *Unterschiede in der Synchronisierung der Schlägerbewegung mit dem Ballwurf:*
  - manche Spieler führen beide Arme gleichzeitig mit gleicher Geschwindigkeit nach unten und dann gleichzeitig nach oben
  - bei manchen Spielern ist die Bewegung der linken Hand mit dem Ball abwärts sehr schnell und kurz
  - manche Spieler führen die Arme schon aus der Ausgangsstellung entgegengesetzt auseinander – den rechten Arm mit dem Schläger abwärts, den linken Arm mit dem Ball aufwärts

  Mit allen drei Arten kann man gut aufschlagen. Aus Koordinationsgründen sind die zweite und die dritte Art empfehlenswerter; je nach Koppelung der verschiedenen Teilbewegungen ergeben sich gewisse Folgen für die Ballwurfhöhe
- Auch bezüglich der *Wurfrichtung* gibt es Unterschiede: beim Slice-Aufschlag werfen manche Spieler den Ball weiter nach rechts vorne und beim Twist-Aufschlag weiter nach links-hinten, um jeweils die entsprechende Drallwirkung zu erhöhen (Abb. 76); nachteilig ist hierbei allerdings, daß der Gegner frühzeitig erkennt, welche Drallwirkung erzielt werden soll, und daß die Geschwindigkeit des Balles zugunsten des Dralls abnimmt
- Manche Spieler beginnen sofort mit dem *Gewicht auf dem rechten Fuß;* das ist nur dann empfehlenswert, wenn sich bei der Gewichtsverlagerung auf den linken Fuß das linke Bein nicht vorzeitig streckt

Abb. 76: Wurfrichtung für Twist (oben) und Slice (unten)

- Der rechte Fuß kann *mehr oder weniger mit nach vorne gesetzt werden* (Abb. 77); entscheidend ist, daß beim Vorsetzen bzw. Heranziehen die Hüfte nicht zu früh mitgedreht wird.

**Schlagphase**

- In der Aushol- und Schlagphase ist der *zeitlich-dynamische Ablauf* zumeist individuell sehr unterschiedlich ausgeprägt
- Entsprechend der unterschiedlichen Wurfrichtungen zur Erhöhung der Drallwirkung unterscheiden sich Spieler bezüglich der *Körperdrehung beim Slice* bzw. *der Rückbeugung beim Twist-Aufschlag;* es gibt auch oft unterschiedlichen Körpereinsatz vor allem bei großen und kleinen Spielern; große Spieler neigen zu kleinerer Bogenspannung
- Bei hoher Dynamik *springen manche Spieler mit dem linken Bein ab;* beim Twist erfolgt dieser Sprung mit dem linken Fuß voraus in Schlagrichtung (Abb. 75b).

**Ausschwungphase**

- Je dynamischer beim Twist-Aufschlag zur Erzielung der steilen Aufwärtsbewegung des Schlägers der Körpereinsatz war, desto mehr wird *vom Boden abgesprungen* und das rechte Bein aus Gleichgewichtsgründen deutlich *nach hinten seitwärts* geführt; der Körper wird bei der Landung mehr oder weniger auf dem linken Fuß abgefangen.

Abb. 77

### Häufige Mängel und Fehler

#### Ausholphase

- ▽ *Easterngriff;* dadurch wird die Streckung des Handgelenks im Treffpunkt erschwert; der Ball kann dann nicht im höchstmöglichen Punkt getroffen werden kann
- ▽ *Sehr enge Beinstellung* in der Grundstellung; dadurch kann es zu keiner oder zu verminderter Gewichtsübertragung kommen
- ▽ *Offene Ausgangsstellung* und damit sehr frontale Stellung des Körpers; dadurch ist der Schwung, der auch aus der Körperrotation kommt, vermindert
- ▽ *Keine Pendelbewegung, sondern Heben des Schlägers* vor dem Körper über die rechte Schulter nach oben; dadurch wird die Ausholbewegung stark verringert, was zu einem verkürzten Beschleunigungsweg führt; außerdem ist bei dieser Ausholbewegung der zeitlich-dynamische Ablauf der Bewegung häufig gestört
- ▽ *Heranziehen des Oberarmes zum Oberkörper* beim Beugen des Ellbogens; dadurch werden der Bewegungsfluß und die Beschleunigung vermindert
- ▽ *Vorzeitige Streckung der Knie;* es kann dann keine Gewichtsverlagerung nach vorne oben erfolgen; dies hängt zumeist damit zusammen, daß das Körpergewicht mit der Ausholbewegung sofort auf den vorderen Fuß verlagert wird
- ▽ *Sehr hohes Werfen des Balles;* dadurch wird der zeitlich-dynamische Ablauf der Bewegung gestört, da man warten muß, bis sich der Ball wieder in Treffhöhe befindet; außerdem ist es schwierig, einen senkrecht und schnell fallenden Ball präzise zu treffen
- ▽ *Zu niedriges Werfen des Balles;* dadurch kommt es zu einer überhasteten Aushol- und Schlagbewegung und der Treffpunkt liegt nicht in der vollen Streckung des Körpers
- ▽ Der Ball wird *beim Slice-Aufschlag zu weit nach links oder nach hinten,* bzw. beim *Twist-Aufschlag zu weit nach rechts oder nach vorne geworfen;* dadurch ist die jeweils erforderliche Bewegungsrichtung des Armes zur Erzielung der Drallwirkung kaum mehr möglich.

#### Schlagphase

- ▽ *Unterbrechen des Bewegungsflusses im tiefsten Punkt der Schleife;* dadurch kann kein maximaler Schwungeinsatz des Schlägers im Treffpunkt erzielt werden
- ▽ *Kein Durchstrecken des Schlagarms;* dadurch wird der Ball mit vermindertem Schwung und nicht im höchstmöglichen Punkt getroffen
- ▽ Zum Treffpunkt *geringe Beschleunigung des Schlägers;* dadurch bekommt der Ball zu wenig Geschwindigkeit und zu wenig Drall
- ▽ *Verlagerung des Gewichts zurück* auf den rechten Fuß; dadurch kommt der Körper in Rücklage, wodurch die Schlagsicherheit und -genauigkeit leidet und der Körpereinsatz nicht in Richtung Treffpunkt erfolgt; der Treffpunkt liegt in diesem Fall zu weit hinten
- ▽ *Der rechte Fuß bleibt in der Position der Ausholbewegung;* dadurch kann der Körpereinsatz nicht in Richtung Treffpunkt nach vorne-oben erfolgen
- ▽ *Frühes Strecken von Arm und Handgelenk* (deutlich vor dem Treffpunkt); dadurch wird die Bewegungsbeschleunigung stark beeinträchtigt
- ▽ *Vorzeitiges Vorsetzen des rechten Fußes in Schlagrichtung;* dadurch kommt es zu einer vorzeitigen Körperrotation
- ▽ *Zurückschieben des Beckens;* es entsteht durch ein vorzeitiges Durchstrecken des Körpers; der Ball wurde nicht im höchstmöglichen Punkt getroffen
- ▽ *Kein Schwingen des Schlägers in die gewünschte Richtung;* dadurch kann nicht der gewünschte Drall erzielt werden.

#### Ausschwungphase

- ▽ *Ausschwingen des Armes an der rechten Körperseite;* dadurch kann der Schwung des Körpers in der Ausschwungphase nicht gut aufgefangen werden; dies gilt vor allem für den Twist-Aufschlag.

# Betrachtungen zum Zusammenhang der einzelnen Techniken

In den Bänden 2 und 3 des Lehrplans wurden die wichtigsten Techniken im einzelnen beschrieben und analysiert. Beim Lehren und Lernen dieser Techniken kommt es nun darauf an, daß der Spieler (ob er wettkampf- oder nicht wettkampforientiert ist) mehrere dieser einzelnen Techniken im komplexen Spielzusammenhang so anwendet, daß er den Spielsituationen und der Spielidee gerecht werden kann. Es liegt nun nahe, beim Lehren die Techniken so zu vermitteln, wie sie im einzelnen dargestellt wurden, und davon auszugehen, daß die Summe dieser Techniken die optimale Gesamttechnik des Spielers ergibt. Dies mag zutreffen, wenn es dem Spieler gelingt, die »mittlere Bewegungsausführung« der Schläge (siehe Band 2, S. 44) zu erlernen. Denn es wird angenommen, daß das Zusammenfügen dieser mittleren Bewegungsausführungen ein harmonisches Gesamtbild der Technik ergibt. Weichen Spieler jedoch von diesen mittleren Bewegungsausführungen im Rahmen der zugelassenen Bewegungsspielräume ab, weil dies ihrem persönlichen Stil entspricht, dann muß besonders darauf geachtet werden, ob die verschiedenen Abweichungen sich noch harmonisch ergänzen. So zeigt sich z. B. im Hinblick auf die weltbesten Spieler, daß kaum ein Spitzenspieler über alle Techniken in idealer, d. h. in effektvollster Weise verfügt. Ein solcher in Tennismagazinen manchmal entworfener »Supertyp« müßte z. B. den Aufschlag von John McEnroe, den Return von Jimmy Connors, den Passierball von Björn Borg, den Stopball von Gene Mayer, den Vorhandschlag von Ivan Lendl und den Schmetterball von Yannick Noah besitzen. Dies ist jedoch in der Tat eine theoretische Konzeption, denn in der Praxis zeigt sich, daß jeder dieser Spieler im Vergleich zu seinen Stärken auch gewisse Schwächen aufweist. Was für das Spitzentennis gilt, trifft erst recht auf das Breitentennis zu.

In diesem Zusammenhang sei auf allgemeine Erkenntnisse über das Phänomen der Ganzheit, die sich nicht aus der Summe der Eigenschaften der einzelnen Teile ergibt, verwiesen. Dabei wird häufig das Beispiel der Melodie herangezogen. Danach läßt sich sagen, daß der einzelne Ton seinen Ausdruckswert erst durch den Zusammenhang der verschiedenen Töne, in die er eingebettet ist, erhält und daß der Charakter der Melodie nicht aus den Qualitäten der einzelnen Töne, sondern aus der Stellung der Töne zueinander, d. h. aus der Gestalt (Struktur) der Melodie besteht. Verändert man einzelne Töne, dann verändert sich auch der gegenseitige Bezug der Töne und somit die Gestalt der Melodie.

Überträgt man dieses Beispiel auf die Struktur der Tennistechnik als dem Gefüge der verschiedenen einzelnen Techniken, dann zeigt sich, daß sich einzelne Elemente stark auf die Gesamtstruktur auswirken können: Wer z. B. in ausgeprägter Weise umgreift und beim Vorhandschlag einen extremen Westerngriff benutzt, bekommt häufig Probleme mit dem Volleyspiel. Wer dagegen zwischen Vorhand- und Rückhandschlägen nur wenig oder gar nicht umgreift, kann zumeist nicht sehr druckvoll spielen. Spieler mit beidhändiger Rückhand bekommen in der Regel Schwierigkeiten beim schwungvollen Slice Rückhand und Spieler mit schwungvollen Grundschlägen sind im allgemeinen nicht in der Lage, Topspinschläge mit der »Scheibenwischer«-Ausschwungbewegung anzuwenden. Hinzu kommt, daß Merkmale der individuellen Bewegungsdynamik und Bewegungsform, wie Bewegungsumfang und Bewegungsrhythmus, und ihr Zusammenhang mit individuellen Merkmalen der Konstitution, der Kraft, der Schnelligkeit, des Temperaments und der Motivation als den prägenden Merkmalen des persönlichen Bewegungsstils bei allen einzelnen Techniken (und nicht nur bei einzelnen) zum Ausdruck kommen sollten. Dies ergibt nämlich eine der Person angepaßte Struktur der Gesamttechnik.

Im Unterricht kommt es also darauf an, daß die einzelnen Techniken, vor allem im Hinblick auf die Bewegungsspielräume, so aufeinander abgestimmt werden, daß die Ganzheit der Techniken der Persönlichkeit des Spielers am besten entspricht.

# Beinarbeit in allen Situationen und für alle Techniken

## Einführung

Tennis ist eine Sportart, in der die Beinarbeit eine dominierende Rolle spielt. Ein wichtiges Ziel, vor allem im Wettkampftennis, ist, den Ball so zu schlagen, daß der Gegner ihn nicht mehr erreichen kann oder zumindest von einer ungünstigen Position oder aus einer schwierigen Schlagstellung zurückschlagen muß. Für erfolgreiches Spiel muß deshalb die Beinarbeit so entwickelt sein, daß man den Ball stets in guter Schlagstellung schlagen kann, um einerseits das genannte Ziel zu erreichen und andererseits selbst durch das Spiel des Gegners nicht in ungünstige Situationen zu kommen. Die Analyse der Weltklassespieler beweist auch eindeutig, daß alle über eine hervorragende Beinarbeit verfügen.
Das Ziel der Beinarbeit ist der richtige Abstand zum idealen Treffpunkt des Balles bei stabilem Gleichgewicht und gleichzeitig zweckmäßigen Bewegungsabläufen. Als wichtige Voraussetzungen hierfür können Schnelligkeit, Anpassungsfähigkeit an Situationen und Koordinationsfähigkeit zur Verbindung von Beinarbeit und Schlagtechnik gelten.

Folgende Grundlagen der Beinarbeit wurden bereits im Band 2 (siehe Lehrplan 2, S. 90) unterschieden:

- Situationsangemessene Ausgangsstellung
- Techniken des Startens und Laufens zur Schlagposition
- Techniken zur Einnahme der richtigen Schlagstellung.

Im folgenden soll dargestellt werden, wie diese Techniken in den wichtigsten Situationen des Tennisspiels angewandt werden können. Dabei wird gemäß dem funktionsanalytischen Bewegungskonzept (siehe Lehrplan 2, S. 40) von folgendem Ansatz ausgegangen:

- Der Tennisspieler befindet sich in verschiedenen räumlichen Positionen, z. B. an der Grundlinie, im T-Linienbereich oder im Netzbereich
- Er muß (mit Ausnahme beim eigenen Aufschlag) auf die vom Gegner geschlagenen Bälle reagieren und versuchen, sie in möglichst günstiger Schlagstellung zurückzuschlagen
- Wenn möglich soll er den Ball bezüglich Geschwindigkeit, Plazierung und Drall so zurückschlagen, daß der Gegner in Bedrängnis kommt.

Auf der Grundlage des funktionsanalytischen Ansatzes werden nun im folgenden zunächst jeweils räumliche Positionen beschrieben. In diesen Positionen ergeben sich unterschiedliche Aufgaben und Ziele. Zur Erfüllung dieser Aufgaben werden dann Lösungsvorschläge, die die Beinarbeit betreffen, angeboten.
Bei der Darstellung dieser Situation werden nacheinander beschrieben:

1. Ausgangsstellungen in verschiedenen Positionen für den Start in verschiedene Richtungen
2. Starten und Laufen von verschiedenen Ausgangspositionen zur Schlagposition
   - zur Seite
   - schräg bzw. gerade nach vorne
   - schräg bzw. gerade nach hinten
3. Beinarbeit während der Schlagbewegung
   - bei fester Schlagstellung
   - beim Schlagen aus der Bewegung
   - beim Schlagen im Sprung
4. Beinarbeit nach dem Schlag und Wiedereinnahme der Ausgangsstellung für den nächsten Schlag in einer günstigen Platzposition.

# Ausgangsstellungen in verschiedenen Positionen für den Start in verschiedene Richtungen

## Aufschlag

Beim Aufschlag befindet sich die Position für die Ausgangsstellung dicht hinter der Grundlinie und üblicherweise bis zu 1 m rechts bzw. links vom Mittelzeichen (Einzelspiel), wobei die meisten Spieler beim Aufschlag von rechts näher am Mittelzeichen stehen als beim Aufschlag von links. Im Doppel ist der Abstand jeweils größer (Abb. 78).

Abb. 78: Positionen für den Aufschlag

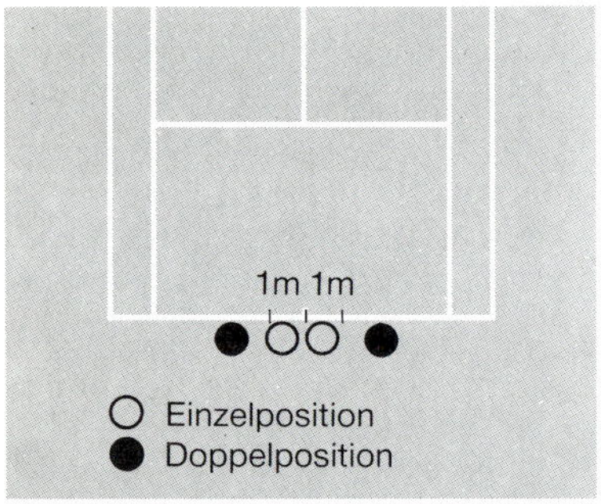


Abb. 79: »Schulmäßige« Ausgangsstellung

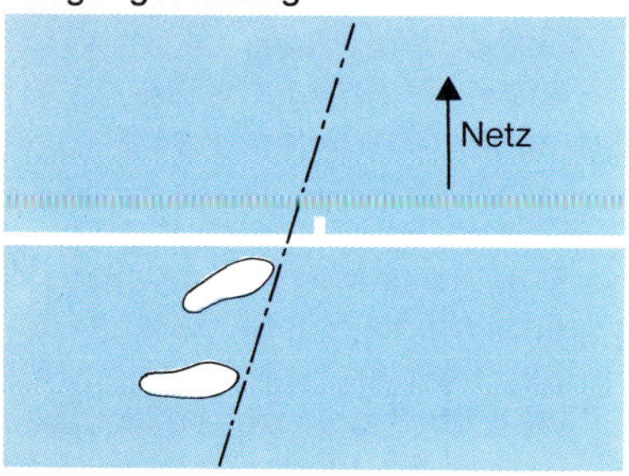

Abb. 80: Enge Ausgangsstellung

Abb. 81: Breite Ausgangsstellung

Die »schulmäßige« Fußstellung – linker Fuß zeigt in Richtung rechter Netzpfosten, rechter Fuß steht parallel zur Grundlinie, Füße sind schulterbreit auseinander und die Verbindungslinie der Fußspitzen zeigt in die beabsichtigte Schlagrichtung (Abb. 79) – wird oft durch die vielen individuellen Eigenarten der Spieler variiert. Sie unterscheidet sich bezüglich der Stellung (Richtung) der Füße, dem Abstand (eng, Abb. 80, oder breit, Abb. 81) und der mehr oder weniger großen Schrittstellung (Abb. 82). Der Abstand der Füße hängt z. B. auch mit der Körpergröße des Spielers zusammen und die beabsichtigte Schlagart kann ebenfalls Einfluß auf die Fußstellung haben.

Abb. 82: Schrittstellung

## Return

Beim Return steht der Spieler auf der Winkelhalbierenden der möglichen guten Aufschläge des Gegners (siehe auch Abb. 83). Ob er vor der Grundlinie, auf oder hinter der Grundlinie steht, hängt von der Qualität des gegnerischen Aufschlags sowie von den eigenen Fähigkeiten und taktischen Absichten ab. Es empfiehlt sich, so zu stehen, daß man immer die Möglichkeit hat, den Return in der Vorwärtsbewegung des Körpers zu schlagen. Eine Ausgangsstellung weit hinter der Grundlinie hat den Nachteil, daß der abzudeckende Winkel und damit der Abstand zum Treffpunkt sehr groß ist. Eine Ausgangsstellung vor der Grundlinie kann sich nur ein Spieler erlauben, der über einen hohen Grad an Reaktions- und Antizipationsfähigkeit sowie Aktionsschnelligkeit verfügt.
Beim zweiten Aufschlag des Gegners steht man üblicherweise etwas weiter vorne, weil dieser Aufschlag in der Regel nicht so schnell gespielt wird wie der erste und man besser angreifen kann.

## Grundlinie, T-Linie und Netz

Beim Spiel von der Grundlinie, von der T-Linie und beim Spiel am Netz gilt folgendes:
Die *Position für die Ausgangsstellung* ist jeweils so zu wählen, daß man auf der Winkelhalbierenden der möglichen guten Rückschläge des Gegners steht (siehe auch die Beispiele in der Abb. 83).

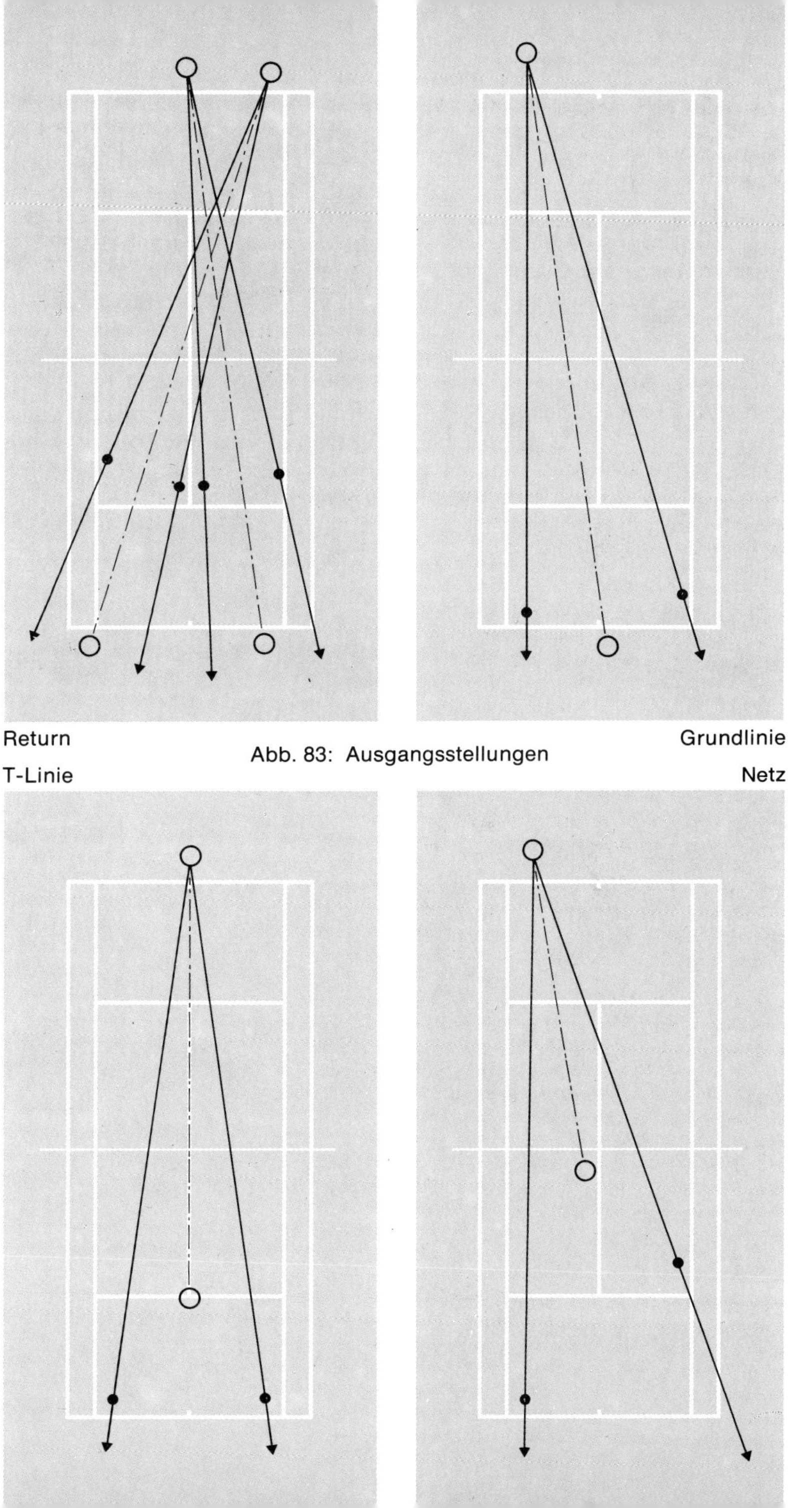

Abb. 83: Ausgangsstellungen

Die geometrische Mitte des Platzes ist demnach nicht immer die ideale Position, an der man den Ball des Gegners erwartet.
Die *Ausgangsstellung beim Grundlinienspiel* befindet sich etwa 1 m hinter der Grundlinie und beim Netzspiel ungefähr 2–3 m vom Netz entfernt.

Die *richtige Haltung in der Ausgangsstellung* – Füße über Hüftbreite auseinander, Sprung- und Kniegelenke leicht gebeugt und der Oberkörper mehr oder weniger vorgeneigt – wird nur sehr kurzfristig eingenommen (Abb. 84). In dem Moment, in dem der Gegner den Ball trifft, erfolgt häufig (vor allem bei Zeitknappheit) ein kleiner Sprung in die leichte Grätschstellung (Abb. 85), aus der man sich dann sofort durch federnden Abdruck von den Fußballen zur Schlagposition begibt. Dieser kleine Sprung in die Grätschstellung erlaubt es, in alle Richtungen gleich gut starten zu können. Entscheidend ist hierbei das Timing, d. h., der Sprung darf weder zu früh noch zu spät erfolgen, um jeweils rechtzeitig die optimale Schlagposition zu erreichen.

Abb. 84: Ausgangsstellung

Abb. 85: Sprung in die Ausgangsstellung

## Starten und Laufen von verschiedenen Ausgangspositionen zur Schlagposition

Die Beschreibung der möglichen Beinarbeit beginnt unmittelbar nach dem Einnehmen der Ausgangsstellung und endet mit dem vorletzten Schritt für den Schlag aus seitlicher Schlagstellung bzw. mit dem letzten Schritt für den Schlag aus offener Stellung.

### Starten und Laufen zur Seite

#### Return

Die seitwärts gerichtete Bewegung zur Schlagposition besteht beim ersten Aufschlag des Gegners schon aus Zeitgründen meistens nur aus einem Schritt. Dieser Schritt mit dem zum Treffpunkt näher stehenden Bein erfolgt als kurzer Drehschritt. Bei relativ langsamen Aufschlägen, die entweder direkt auf den Körper kommen oder die man umlaufen will (z. B. statt mit Rückhand mit der Vorhand retournieren), weicht man mit einem Nachstellschritt zur Seite aus.

#### Grundlinie

Beim Spiel an der Grundlinie kann die Entfernung zur Schlagposition kurz oder lang sein. Für kürzere Entfernungen genügt es, einen Drehschritt (mit gleichzeitiger Oberkörperdrehung), einen Kreuzschritt (Vorwärts-Überset-

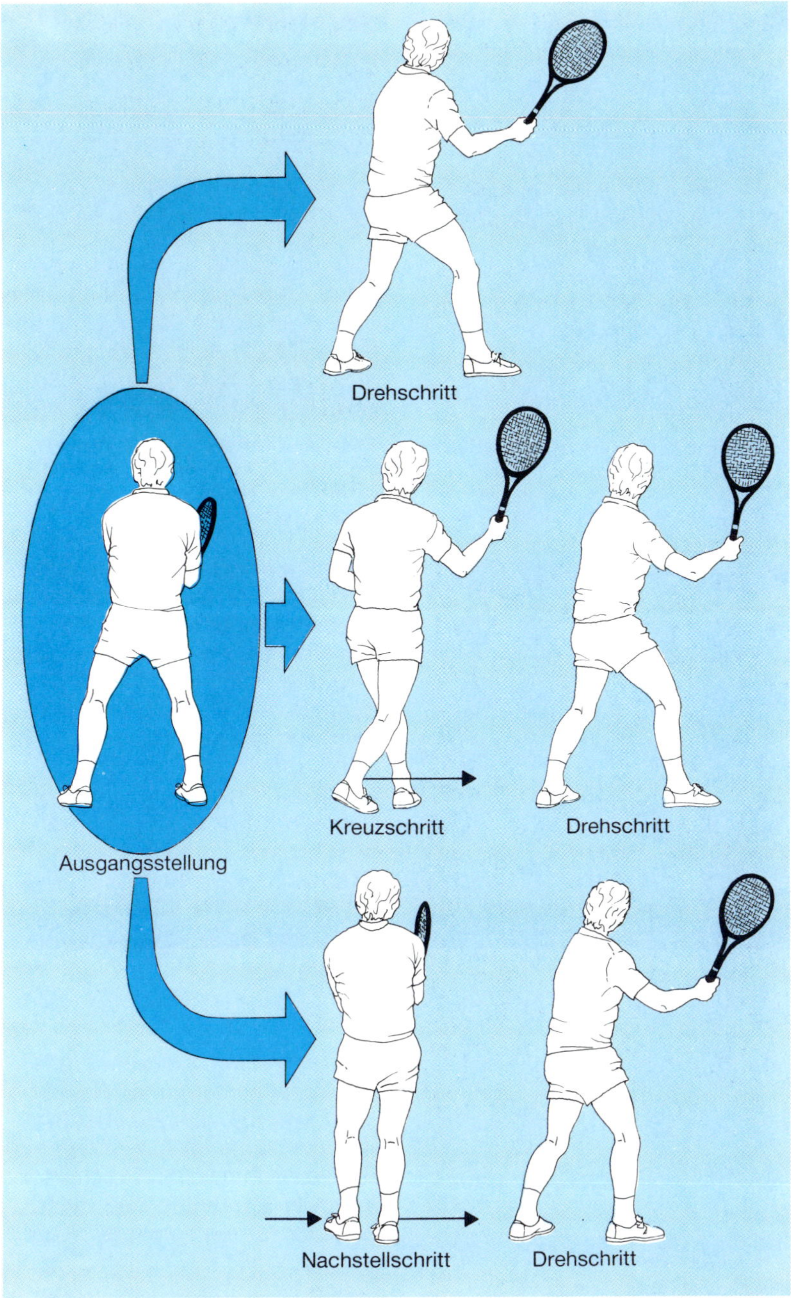

Abb. 86: Möglichkeiten der Bewegung zur Seite

zen), einen Nachstellschritt oder Sidesteps mit anschließendem Drehschritt auszuführen (Abb. 86). Um längere Strecken zu überwinden, startet man mit einem Drehschritt, einem Sidestep oder einem Kreuzschritt und sprintet dann mit normaler Lauftechnik zur Schlagposition. Prinzipiell gilt für längere Strekken, daß die ersten Schritte sehr kurz sind und auf den Fußballen erfolgen, um eine hohe Beschleunigung zu erreichen. Erst nach drei bis fünf Schritten vergrößern sie sich, und der Kontakt mit dem Boden erfolgt über die ganzen Fußsohlen. Die Laufgeschwindigkeit sollte vor Erreichen der Schlagposition wieder verlangsamt werden, damit der Spieler eine möglichst optimale Schlagstellung bei guter Balance einnehmen kann.

### T-Linie und Netz

Wenn ein Spieler im T-Linienbereich oder am Netz den Ball des Gegners erwartet, muß er in der Regel einen Flugball spielen. Wie beim Return besteht die Bewegung zur Seite auch hier aus Zeitgründen meistens nur aus einem kurzen Drehschritt mit dem zum Treffpunkt näher stehenden Bein (Abb. 88). Das ermöglicht dann, mit dem anderen Bein noch einen Schritt in Richtung Treffpunkt zu machen, um den Ball zu schlagen (Abb. 87).
Ein langer Ausfallschritt zur Seite würde dazu führen, daß der Spieler aus dem Gleichgewicht kommt, zu frontal steht und darüber hinaus keinen weiteren

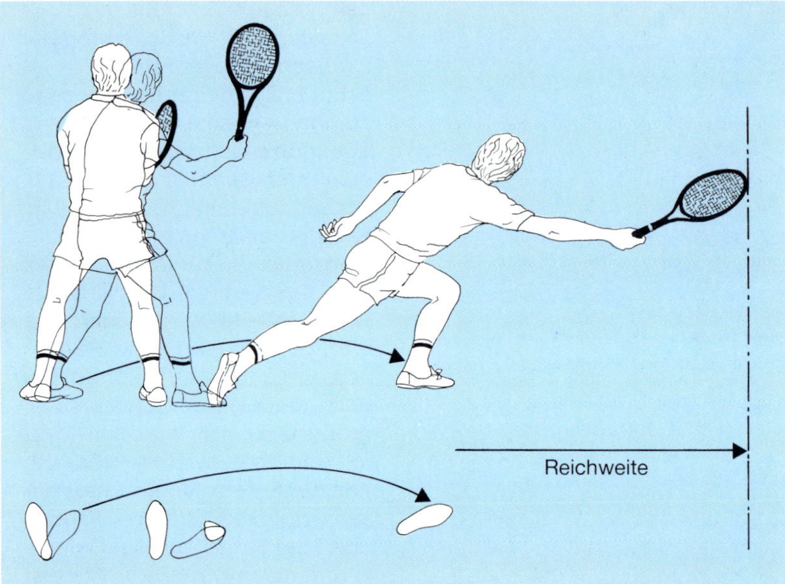


Abb. 87a: Drehschritt rechts und Schritt mit dem linken Bein in Richtung Treffpunkt

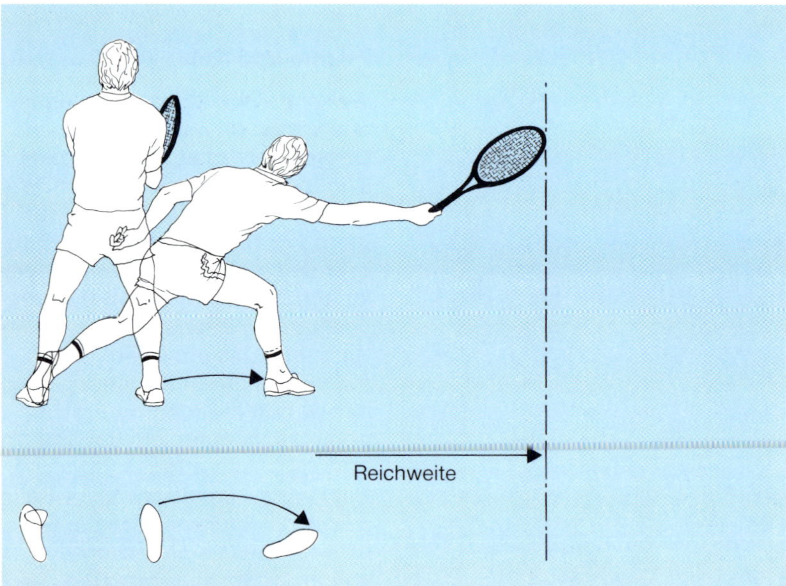


Abb. 87b: Ausfallschritt mit dem rechten Bein in Richtung Treffpunkt

Abb. 88: Start zur Seite mit einem Drehschritt, Kreuzschritt und Drehschritt bzw. Nachstellschritt und Drehschritt

Schritt mehr ausführen kann, wodurch die Reichweite stark reduziert wird (Abb. 87).
Bei einem aus dem Mittelfeld des Gegners weich und stark cross gespielten Ball überbrückt man die größere Entfernung zur Schlagposition durch einen Drehschritt und einige normale Laufschritte.

## Starten und Laufen schräg bzw. gerade nach vorne

### Return

Der Schritt mit dem zum Treffpunkt näher stehenden Bein erfolgt, wenn es die Zeit erlaubt (bei langsameren Aufschlägen), und je nach der Richtung des ankommenden Balles mehr oder weniger schräg vorwärts.

### Grundlinie

Von der Grundlinie aus läuft man nach vorne, um einen vom Gegner ins Mittelfeld gespielten Ball oder einen Stop zu erreichen.
Je nach der Position der Ausgangsstellung und der Plazierung des Balles durch den Gegner sind die Laufwege kürzer bzw. länger und gerade bzw. mehr oder weniger schräg nach vorne gerichtet.
Gleichzeitig mit dem vorletzten Schritt wird zur Unterstützung der Ausholbewegung der Oberkörper mehr oder weniger weit zurückgedreht, je nach Entfernung des Treffpunkts und der geplanten Schlagart.

Bei Schlägen auf der Vorhandseite erfolgt dieser vorletzte Schritt mit dem rechten, bei Schlägen auf der Rückhandseite mit dem linken Bein.
Bei Rückhandschlägen wird ein besonders weites Drehen des Oberkörpers dadurch unterstützt, daß das linke Bein rücklings hinter dem rechten vorbei in Schlagrichtung gesetzt wird. Vor diesem Schritt hatte das rechte Bein die Geschwindigkeit des Körpers gebremst; durch das Rückwärtsübersetzen wird die seitliche Schlagstellung stabilisiert und die Gewichtsverlagerung beim Schlag kann gut in Schlagrichtung erfolgen.
Sowohl beim Vorhand- wie auch beim Rückhandschlag kann jeweils noch ein Wechselschritt folgen, damit der Spieler den optimalen Abstand zum Treffpunkt erreicht.

### T-Linie und Netz

Der Start nach vorne kann auch von der T-Linie aus erfolgen, ebenso der Schritt vorwärts aus einer Netzposition, wenn ein Ball möglichst nahe am Netz, z. B. als Halbflug- oder als Flugball geschlagen werden soll.

## Starten und Laufen schräg bzw. gerade nach hinten

### Return

Kommt der Aufschlag des Gegners relativ schnell und direkt auf den Körper, dann muß der Spieler mit dem zum Treffpunkt näher stehenden Bein einen Schritt nach hinten und zur Seite machen. Er weicht dadurch mit dem Körper aus und bringt sich in eine seitliche Schlagstellung.

### Grundlinie

Beim Grundlinienspiel muß ein Spieler nach hinten ausweichen, wenn der Gegner sehr schnell und lang spielt, direkt auf den Körper zielt (siehe Return), einen Lob oder Topspin kurz vor die Grundlinie schlägt oder schmettert.
Der Start erfolgt jeweils mit einem Drehschritt rückwärts, es folgen dann entsprechend der Richtung und Entfernung der Schlagposition Nachstellschritte, Kreuzschritte, Sidesteps oder normale Laufschritte.
Ziel ist es immer, den Körper in der Schlagposition schräg hinter den späteren Treffpunkt zu bringen, egal ob in seitlicher oder offener Schlagstellung, um dann beim Schlag eine situationsbedingte, optimale Treffstrecke und angemessene Energieübertragung zu erzielen.

### T-Linie und Netz

Wird ein Spieler an der T-Linie oder am Netz stehend vom Gegner überlobbt oder sehr weich passiert, so daß er von seiner Ausgangsstellung aus den Ball nicht mehr im Sprung erreichen kann, dann muß er zurücklaufen.
Will der Spieler den Ball schmettern, dann startet er mit einem Drehschritt des rechten Beines rückwärts (zum Rückhand-Schmetterball erfolgt der Start mit dem linken Bein) und bewegt sich dann mit Kreuzschritten (Vorwärts- oder Rückwärtsübersetzen, Schulterachse annähernd in Schlagrichtung), Nachstellschritten oder Sidesteps unter den späteren Treffpunkts des Balles. Gegebenenfalls muß er auch mit normalen Laufschritten (Rücken zum Netz) zurücklaufen.

# Beinarbeit während der Schlagbewegung

## Beinarbeit bei fester Schlagstellung

### Return, Grundlinie, T-Linie und Netz

Unter fester Schlagstellung versteht man die Situation, in der der Spieler beim Treffen des Balles mit beiden Beinen auf dem Boden steht. Dies kann sowohl bei einer seitlichen als auch bei einer offenen Schlagstellung (siehe Lehrplan 2, S. 95) der Fall sein. Je ruhiger ein Spieler in der Schlagstellung steht, desto sicherer kann er den Schlag ausführen. Die Gewichtsverlagerung soll immer nach vorne und in die Richtung der Schlagbewegung des Armes (nach oben oder nach unten) erfolgen.

Eine *seitliche Stellung* hat den Vorteil, daß die Treffstrecke beim Schlag optimal lang ausgeführt werden kann. Der letzte Schritt vor dem Schlag erfolgt beim Vorhandschlag mit dem linken, beim Rückhandschlag mit dem rechten Bein schräg vorwärts in Richtung Treffpunk. Der Fuß wird mit der Ferse aufgesetzt und die Fußspitze zeigt mehr oder weniger in Schlagrichtung (Abb. 89), damit beim Schlag eine optimale Gewichtsverlagerung erfolgt.
Die Größe der Schrittstellung und der seitliche Abstand der Füße (Abb. 90) hängt von der Entfernung des vorletzten Schrittes von der Schlagposition (bzw. vom Treffpunkt) ab. Bei kurzer Entfernung erfolgt ein kleiner, bei weiter Entfernung ein entsprechend großer Schritt, um die Schlagstellung einzunehmen. Die Feinkorrektur für den idealen Abstand zum Treffpunkt erfolgt häufig mit einem Nachstellschritt. Auch die Höhe des Treffpunkts hat Einfluß auf den Abstand der Füße: je höher der Treffpunkt liegt, desto enger ist die Fußstellung (Abb. 91), je tiefer der Treffpunkt liegt (tiefer Flugball, Halbflugball), desto weiter stehen die Füße voneinander entfernt (Abb. 92).

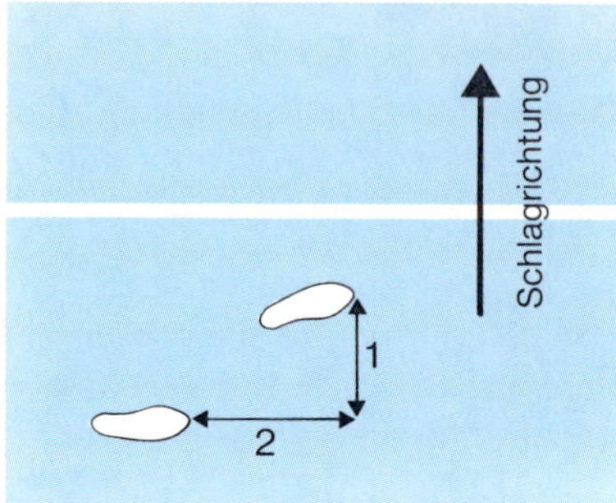

Abb. 90: Breite der Schlagstellung (1) Schrittstellung (2)

Abb. 89: Fußspitze zeigt in Schlagrichtung

Abb. 91: Abstand der Füße etwas über hüftbreit

Abb. 92: Weiter Abstand der Füße

Abb. 93: Rutschen in die Schlagstellung

Bei weitem Abstand der Füße und deutlich gebeugten Knien liegt der Körperschwerpunkt tief, die Standfestigkeit ist sehr groß und der Schlag kann kontrolliert durchgeführt werden.
Auf Sandplätzen kommt es oft vor, daß man mit dem letzten Schritt in die endgültige Schlagposition hineinrutscht (Abb. 93). Dieses Rutschen sollte möglichst nicht übertrieben werden, da während der Schlagbewegung dann kaum eine Gewichtsverlagerung mehr möglich ist. Man rutscht besonders dann, wenn der Schwung der Körperbewegung nach schnellem Lauf über große Entfernungen abgebremst werden soll, z. B. beim Erlaufen eines gegnerischen Stops oder von Bällen, die seitlich außerhalb des Platzes getroffen werden müssen. Hierbei wird der Fuß mit der ganzen Sohle aufgesetzt. Der Schlag kann aufgrund der relativ

Abb. 94: Offene Schlagstellung

ruhigen Stellung (seitlich oder offen) einigermaßen kontrolliert durchgeführt werden.
Eine *offene Schlagstellung* wird eingenommen, wenn der Spieler bei sehr schnellen Bällen des Gegners unter Zeitdruck steht (besonders beim Vorhand- und Rückhandreturn), seitlich weit aus dem Platz getrieben wurde (auf der Vorhandseite (Abb. 94); ganz selten auch auf der Rückhandseite) oder eine Technik anwendet (Topspin-Vorhand), für die eine offene Stellung günstiger ist als die seitliche Schlagstellung. Die Gewichtsverlagerung kann bei einer offenen Schlagstellung weniger nach vorne erfolgen, sondern geht mehr von unten nach oben (was beim Topspin für die Erzeugung des gewünschten Vorwärtsdralls vorteilhaft ist), bzw. von außen nach innen, um nach dem Schlag wieder den Platz zu decken.

## Beinarbeit beim Schlagen aus der Bewegung

Von Schlagen aus der Bewegung spricht man, wenn während der Schlagbewegung ein Schritt gemacht wird, beim Treffen des Balles also nur ein Fuß auf dem Boden steht.

### Aufschlag

Beim Aufschlag befindet sich im Treffpunkt der linke Fuß auf dem Boden, der rechte in der Luft; nach dem Treffen des Balles fängt das rechte Bein das Körpergewicht im Platz ab.

### Return, Grundlinie, T-Linie und Netz

Häufig kommt das Schlagen aus der Bewegung zur Anwendung, wenn der Spieler vor dem Schlag eine offene Beinstellung hatte: beim Return, beim Flugballspiel (Treffpunkt über Netzhöhe, Abb. 95), aber auch in Positionen an der T-Linie und an der Grundlinie, wenn die Bälle sehr schnell ankommen oder wenn man dem Ball mit Unterstützung der Gewichtsverlagerung eine hohe Geschwindigkeit erteilen will. Auch wenn man vor dem Schlag nach hinten ausweichen mußte, bietet sich diese Form der Beinarbeit beim Schlag an.
Der Fuß – beim Vorhandschlag der linke, beim Rückhandschlag der rechte – wird erst dann in Richtung Netz auf dem Boden aufgesetzt, wenn der Ball schon getroffen wurde. So ist eine gute

Abb. 95: Beinarbeit beim Flugball

Unterstützung des Schlages durch die Gewichtsverlagerung in Schlagrichtung möglich.
Eine Variante des Schlagens aus der Bewegung besteht darin, daß nicht mit einem Schritt, sondern aus dem Lauf heraus geschlagen wird. Dies ist z. B. notwendig, wenn man aus hoher Laufgeschwindigkeit entlang der Grundlinie und dabei meistens auch noch außerhalb der Seitenlinie schlagen muß, was am häufigsten bei einem Passierball der Fall ist.
Auch bei Angriffsschlägen – wenn man zum Netz läuft – schlägt man häufig aus dem Lauf. Hierbei ist es gleichgültig, ob der Start von der Grundlinie aus erfolgt, um einen vom Gegner kürzer gespielten Ball mit einem Angriffsschlag (meistens mit einem Slice) zurückzuspielen, oder ob er von der T-Linie aus erfolgt, um einen relativ langsamen Ball des Gegners noch über Netzhöhe als Flugball zu schlagen. Beim Schlagen aus dem Lauf befindet sich auch der vordere Fuß während der Schlagbewegung noch in der Luft und setzt erst nach dem Treffen des Balles auf dem Boden auf.
Eine besondere Form der Beinarbeit beim Schlagen aus dem Lauf ist der »Tangoschritt«, der beim Slice-Rückhand als Angriffsschlag angewandt wird. Hierbei befindet sich das Körpergewicht beim Treffen auf dem rechten Bein; das linke Bein ist im Treffpunkt noch in der Luft und kreuzt rücklings das rechte in Schlagrichtung, um die seitliche Körperhaltung beim Schlag beizubehalten und das Körpergewicht abzufangen.
Es gibt auch Spieler, die beim Angriffsschlag nach dem Abdruck vom rechten Bein und dem Treffen des Balles nicht auf dem linken, sondern auf dem rechten Bein landen.
Der kleine Sprung nach vorne erfolgt sowohl bei der Vorhand als auch bei der Rückhand vom rechten auf das rechte Bein. Hierbei ist im Treffpunkt und kurz danach die Körperhaltung einigermaßen stabilisiert und es wird eine gute Treffstrecke erreicht.
Auch in Situationen, in denen der Ball aus Zeitgründen in der Rückwärtsbewegung geschlagen werden muß, versucht man ebenfalls durch einen kleinen Sprung nach hinten (bei der Rückhand von links auf links, bei der Vorhand von rechts auf rechts) die Körperhaltung im Treffpunkt zu stabilisieren.

## Beinarbeit beim Schlagen im Sprung

Beim Schlagen des Balles im Sprung sind im Moment des Treffens beide Beine in der Luft. Man springt, um den Ball in einem günstigen Treffpunkt (Höhe, Entfernung) bzw. überhaupt noch zu erreichen.

### Aufschlag

Beim Aufschlag wird links abgesprungen; das Körpergewicht kann sowohl auf dem linken als auch auf dem rechten Bein aufgefangen werden, je nach Aufschlagart und individueller Schlagausführung.

### Return und Grundlinie

Beim Return springt man von dem zum Treffpunkt näher stehenden Bein ab, um den Aufschlag des Gegner überhaupt noch zu erreichen. Das gleiche gilt für Situationen an der Grundlinie, besonders dann, wenn der Ball vom Gegner seitlich weit hinausgespielt wurde und der Spieler trotz eines schnellen Sprints den Ball nur noch im Sprung erreichen kann.
Beim Topspin kann der Abdruck vom Boden so stark und früh sein, daß beim Treffen des Balles beide Beine in der Luft sind.
Beim Topspin-Vorhand wie -Rückhand erfolgt der Absprung vom rechten Bein, das Aufkommen auf dem Boden kann bei beiden Schlägen sowohl mit dem linken als auch mit dem rechten Bein erfolgen, je nach Situation und individueller Bewegung.

### T-Linie und Netz

An der T-Linie und am Netz springt der Spieler häufig, um Flugbälle oder Schmetterbälle zu schlagen. Zum Flugball-Vorhand springt man vom rechten auf das linke Bein (Abb. 96), beim Flugball-Rückhand umgekehrt.
Im Idealfall erfolgt der Sprung nach schräg vorne, der Situation entsprechend kann er aber auch zur Seite oder sogar schräg nach hinten erfolgen.
Beim *Schmetterball* springt man rechts ab, das linke Bein bewegt sich nach hinten, das rechte aus Gleichgewichtsgründen nach vorne oben (Schere), das linke Bein fängt dann das Körpergewicht auf dem Boden auf.
Zum *Rückhand-Schmetterball* springt man vom linken Bein ab und kommt auf diesem auch üblicherweise wieder auf. Nur wenn die Körperbewegung nach hinten vor dem Absprung groß war, erfolgt der Sprung vom linken auf das rechte Bein.

## Beinarbeit nach dem Schlag und Wiedereinnahme der Ausgangsstellung für den nächsten Schlag

Grundsätzlich gilt es, sich unmittelbar nach dem Schlag wieder in eine günstige Ausgangsposition für den nächsten Schlag zu begeben. Diese Ausgangsposition liegt jeweils auf der Winkelhalbierenden der möglichen guten Rückschläge des Gegners.

### Aufschlag

Greift ein Spieler mit einem Aufschlag an, soll er so weit nach vorne laufen, daß er in dem Moment, in dem der Gegner den Ball trifft, in die Ausgangsstellung springen kann, um in alle Richtungen starten zu können. Beim Aufschlag wird man in der Regel bis ca. $^1/_2$–1 m hinter die T-Linie kommen.

Greift der Spieler nicht an, dann erfolgt nach dem Landen im Platz noch ein Schritt – *Stoppschritt* –, der den Schwung des Körpers bremst; von dem Bein, das den Stoppschritt machte, drückt sich der Spieler ab und bewegt sich hinter die Grundlinie in eine günstige Platzposition.

### Return

Je nachdem, ob der Spieler mit dem Return ans Netz laufen will oder an der Grundlinie bleibt, erfolgt die Beinarbeit durch normale Laufschritte oder Sidesteps und Kreuzschritte zur günstigen Ausgangsposition für den nächsten Schlag.

Vor der Einnahme der Ausgangsstellung zum Return bewegen sich die Beine – entweder abwechselnd hin und her (Borg) oder vor und zurück (Meiler) oder man springt bzw. federt auf beiden Fußballen. Diese lockeren Beinbewegungen sind Voraussetzung für eine gute Reaktionsbereitschaft.

### Grundlinie

Im Grundlinienbereich sollte man diese Ausgangsstellung ca. 1 m hinter der Grundlinie einnehmen. Muß man einen Ball des Gegners weit hinter der Grundlinie schlagen, darf man auf dieser Höhe nicht stehen bleiben und den nächsten Ball erwarten, sondern muß sofort nach dem durchge-

Abb. 96: Sprung zum Flugball-Vorhand

führten Schlag wieder nach vorne zur Grundlinie laufen. Das gleiche gilt für die Situation, in der man nach einem Schlag 1–3 m vor der Grundlinie nicht weiter zum Netz laufen kann oder will, d. h. daß man nach dem Schlag zurück zur Grundlinie laufen muß.
Der *Start* für das Wiedereinnehmen einer günstigen Ausgangsstellung (um den Platz zu dekken) hängt von der Beinarbeit während der Schlagbewegung und von dem Schwung des Körpers beim Einnehmen der Schlagstellung ab.
Problemlos ist es beim Schlag aus der Bewegung bzw. aus dem Lauf, wenn man weiter nach vorne laufen will. Hier ist ein fließender Übergang der Beinarbeit vor und nach dem Schlag gegeben. Problematischer wird es dagegen, wenn man sich zur Seite oder nach hinten orientieren muß.
Bei ruhiger Schlagstellung kann man sich beim Schlag aus der seitlichen Stellung vom vorderen, beim Schlag aus der offenen Stellung vom äußeren Bein abdrücken und zur Mitte bzw. nach hinten bewegen.
Erreicht man die Schlagposition mit höherer Laufgeschwindigkeit, dann ist diese Beinarbeit nicht mehr möglich. Es ist notwendig, während des Ausschwungs des Schlägers noch einen zusätzlichen Schritt in die ursprüngliche Bewegungsrichtung zu machen (Stoppschritt), um den Körperschwung abzufangen. Von diesem Bein, das den Stoppschritt ausgeführt hat und dessen Knie sich je nach dem Schwung des Körpers mehr oder weniger stark beugt, erfolgt der Abdruck und damit der Start zur Seite bzw. nach hinten. Der Stoppschritt kommt bei allen Schlägen zur Anwendung, bei denen die Schlagposition mit deutlichem Körperschwung erreicht wird.
*Nach dem Start* erfolgt das Laufen zu einer günstigen Platzposition nach vorne bzw. nach hinten durch Laufschritte vorwärts bzw. rückwärts; das Bewegen zur Seite erfolgt durch Sidesteps, gegebenenfalls auch durch Kreuzschritte, um jederzeit abstoppen und in die Ausgangsstellung springen zu können und somit die Möglichkeit zu haben, nach allen Seiten zur nächsten Schlagposition zu starten. Man kann demnach nur schwer auf dem »falschen« Fuß erwischt werden.

#### T-Linie und Netz

Von diesen Positionen aus ist es ungünstig, zur Grundlinie zurückzulaufen. Der Spieler soll nach einem Angriffsschlag, Flugball oder Schmetterball sofort weiter in Richtung Netz laufen und dort der Situation entsprechend eine günstige Ausgangsstellung einnehmen. Der Start in diese Netzposition erfolgt meistens über einen Stoppschritt. Entscheidend ist, daß die Beine während eines Ballwechsels (außer in der Schlagstellung) nie zur Ruhe kommen, d. h. immer in Bewegung sind, um zu jeder Zeit bewegungs- und startbereit für den Sprung in die Ausgangsstellung zu sein.

## Abschließende Bemerkungen

Die einzelnen Schritt- und Lauftechniken wechseln im Wettspiel sehr oft ab; es gibt fließende und schnelle Übergänge, die situationsbedingt und dem Spielertyp entsprechend angewandt werden. Gute und erfahrene Spieler wenden einzelne Kombinationen automatisch richtig an. Ebenso lehrt die Erfahrung, wie schnell man starten und laufen soll, wann man den Lauf verlangsamen kann, in welchem Abstand man den vorletzten Schritt setzt, daß man nicht zu früh in einer festen Schlagstellung stehen darf, weil man dann nur schwer die Entfernung zum Treffpunkt korrigieren kann und daß man immer in Bewegung bleiben muß. Die in diesem Kapitel gegebenen Hinweise sollten besonders flexibel angewandt werden, da die Variationsmöglichkeiten im Bereich der Beinarbeit besonders groß sind.

# Weitere Variationen der Techniken

Die bisher beschriebenen Schlagarten sind Techniken, die mehr oder weniger häufig vorkommen und für die jeweilige Situation, in der sie angewandt werden, typisch sind – z. B. Flugball mit Rückwärtsdrall, Halbflugball ohne gezielten Drall. Der gewünschte Drall, die geforderte Geschwindigkeit und die Höhe des Treffpunktes (z. B. Kniehöhe, Schulterhöhe) waren jeweils so vorgegeben, daß ungünstige Schlagbedingungen unberücksichtigt blieben.
Im Tennis gibt es nun aber einerseits nicht immer ideale Bedingungen, d. h. die ankommenden Bälle unterscheiden sich z. T. erheblich in Geschwindigkeit, Flughöhe, Richtung, Drall und Absprungwinkel, so daß die idealtypische Technik oft nicht zur Anwendung kommen kann, sondern situativ bedingt variiert werden muß; und andererseits wird auch der Spieler versuchen, durch eine gelegentliche Variation seiner Technik spezifische taktische Ziele zu verfolgen, um den Gegner zu verwirren.
Es sollen nun einige dieser Technikvariationen kurz vorgestellt werden. Dabei wird darauf verzichtet, eine genaue Beschreibung der Bewegungsausführung zu geben, da es in erster Linie darauf ankommt, die jeweilige Situation und die Absicht zu kennzeichnen, die die entsprechende Technikvariation als Lösungsmöglichkeit der Bewegungsaufgabe zur Folge haben. Solche Techniken werden im allgemeinen auch nicht systematisch gelehrt. Sie zeigen jedoch, wie vielfältig und »spielerisch« die Tennistechnik sein kann. Dies gilt nicht nur für das wettkampforientierte Tennis, sondern auch für das Tennisspiel, in dem der Spaß beim Umgang mit Schläger und Ball ohne Punktewertung im Vordergrund steht. In den folgenden Darstellungen wird zwischen

- Technikvariationen in besonderen Situationen und mit besonderen Absichten
- Schlägen in Notsituationen und
- »Trickschlägen«

unterschieden.

## Technikvariationen in besonderen Situationen und mit besonderen Absichten

### Slice mit extremem Seitwärtsdrall

Wenn ein Ball direkt auf den Körper gespielt wurde und man aus Zeitgründen nicht mehr in der Lage ist, auszuweichen oder aus taktischen Gründen nicht ausweichen will, dann kann man den Ball mit starkem bis extremem Seitwärtsdrall zurückschlagen. Die Berechnung der Flugkurve und des Absprungs kann für den Gegner erschwert sein, denn der Ball fliegt in einer seitlich gekrümmten Bahn (bei Vorhand nach rechts, bei Rückhand nach links) über das Netz und springt in Richtung seines Dralls ab.

Abb. 97: Flugball-Topspin

Abb. 98: Hoher Flugball

## Flugball-Topspin

Wenn man den Gegner mit einem schnellen Flugball besonders stark unter Druck setzen will, dann können Flugbälle im T-Linienbereich (meistens bei hüfthohem oder noch etwas höherem Treffpunkt) als Topspin-Flugball geschlagen werden. Dies gelingt vor allem auf der Vorhandseite, wobei insbesondere der Oberkörper in Schlagrichtung hineindreht (Abb. 97).

## Hoher Flugball

Bei sehr hohem Treffpunkt kann der Schläger nur schwer nach vorne-unten geschwungen werden. Um den Ball trotzdem sicher, genau und mit hoher Geschwindigkeit zu spielen, holt man etwas weiter aus und schlägt ihn ohne gezielten Drall, d. h. der Schläger schwingt in der Hauptaktion von hinten nach vorne und trifft den Ball mit senkrechter Schlagfläche (Abb. 98).

## Halbflugball-Topspin

Ein Halbflugball in Netznähe oder ein Halbflugball, mit dem man den Gegner unter Druck setzen will, kann als Halbflugball-Topspin geschlagen werden. Dies gelingt vor allem mit der Vorhand, wobei der Treffpunkt nicht so tief wie beim normalen Halbflugball liegt, da für die Erzielung des starken Vorwärtsdralls eine steile Aufwärtsbewegung des Schlägerkopfes benötigt wird.

## Halbflugball-Stop

Wenn es die Spielsituation anbietet und man in naher Entfernung zum Netz den Ball knapp hinter das Netz spielen möchte, dann ist dies auch mit einem Halbflugball-Stop möglich. Es kommt hierbei darauf an, daß der Schläger im Treffpunkt nicht oder nur minimal in Schlagrichtung bewegt wird, so daß die Geschwindigkeit des ankommenden Balles entsprechend reduziert wird.

## Schmetterball-Slice

Einen langen gegnerischen Lob, den man hinter dem Kopf und mit weniger Schwung schmettern muß, sowie einen Lob, der auf die Vorhandseite gespielt wurde, kann man als Slice-Schmetterball zurückschlagen. Der Gegner soll hierbei seitlich aus dem Platz getrieben werden, wobei er über Geschwindigkeit, Länge und Richtung des Schmetterballes möglichst lange im unklaren gelassen werden soll. Der Ball soll einen mehr oder weniger starken Linksdrall haben und kurz sowie cross über das Netz fliegen. Dies gelingt dann, wenn die Schlaggeschwindigkeit relativ gering ist; der Schlägerschwung erfolgt in Richtung Netz, die Schlagfläche zeigt im Treffpunkt allerdings nach links; der Ball wird auf der rechten Ballseite getroffen, er fliegt senkrecht zur Stellung der Schlagfläche weg und erhält Linksdrall.

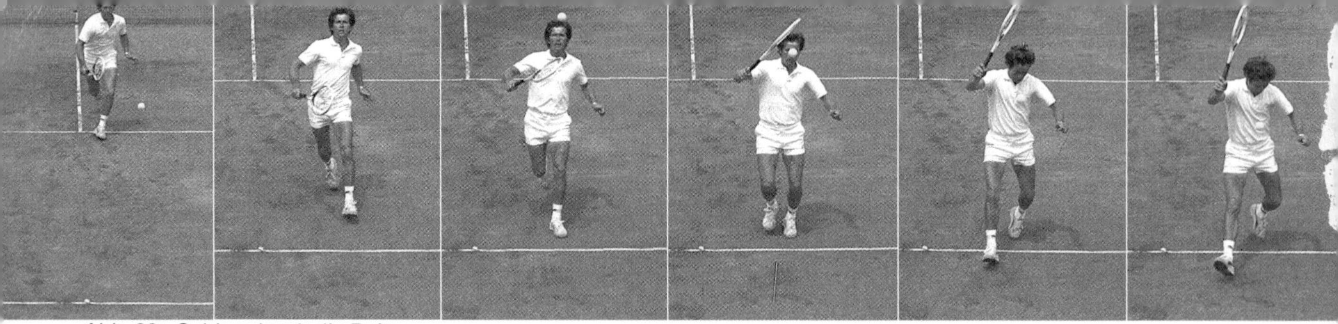

Abb. 99: Schlag durch die Beine

Abb. 100: Schlag neben dem Körper

Abb. 101: Schlag über die linke Schulter

## Schläge in Notsituationen

Es kommt z. B. häufig vor, daß ein am Netz stehender Spieler überlobbt wird, so daß er den Ball nicht mehr schmettern kann. Er muß sich dann umdrehen und versuchen, den Lob zu erlaufen. Wenn er nicht so schnell ist, daß er in eine einigermaßen günstige Schlagstellung für einen der üblichen Schläge kommt, dann kann er den Ball auch während des Zurücklaufens schlagen (der Rücken des Spielers zeigt zum Netz); der geschlagene Ball fliegt in diesem Falle entgegen der Laufrichtung und je nach Stellung der Schlagfläche im Treffpunkt mehr

oder weniger hoch über das Netz. Dabei kann die Schlagbewegung

- durch die Beine (Abb. 99)
- rechts neben dem Körper erfolgen (Abb. 100)
- über die linke Schulter (Abb. 101).

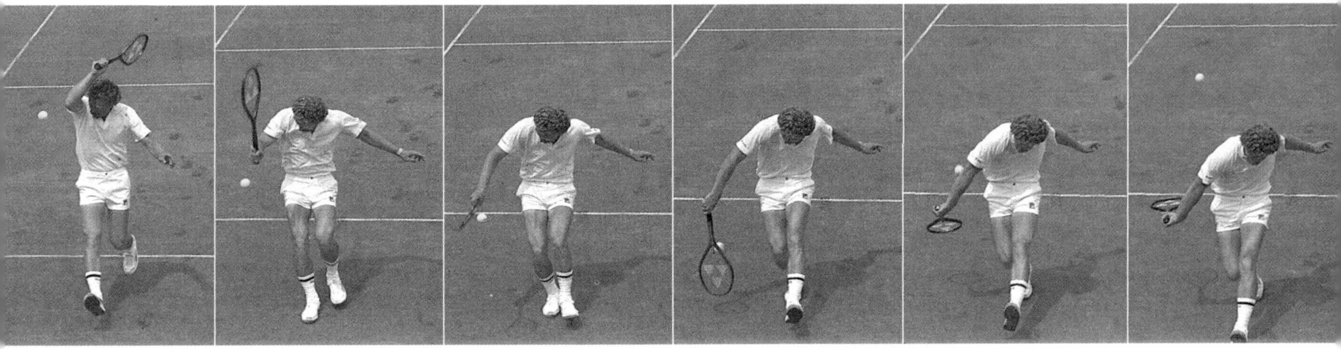

oder weniger hoch über das Netz. Dabei kann die Schlagbewegung

- durch die Beine (Abb. 99)
- rechts neben dem Körper erfolgen (Abb. 100)
- über die linke Schulter (Abb. 101).

Abb. 102: Aufschlag mit Rechtsdrall

# Trickschläge

## Flugball-Stop mit extremem Rückwärtsdrall

Will man einen relativ langsam ankommenden Ball als Flugball-Stop zurückschlagen, dann kann man ihn auch mit einem solch extremem Rückwärtsdrall schlagen, daß er zwar relativ hoch über das Netz fliegt, aber nach einem senkrechten Aufsprung auf dem Boden wieder in Richtung Netz, im günstigsten Fall sogar über das Netz ins eigene Spielfeld zurückspringt. Die Schlaggeschwindigkeit muß hierbei sehr hoch sein und die Schlagfläche muß sich im Treffpunkt fast parallel zum Boden befinden, damit der extreme Drall erzeugt werden kann.

## Flugball hinter dem Rücken

Man bereitet sich am Netz stehend auf einen Flugball-Vorhand vor und der Gegner spielt den Ball überraschend auf die Rückhandseite in Hüfthöhe. Der Schläger, der sich aufgrund der Erwartung eines Flugball-Vorhands auf der rechten Körperseite befand, kann vor dem Körper nicht mehr zum Treffpunkt gebracht werden. Eine Möglichkeit, den Ball trotzdem noch zurückzuspielen, besteht dann, wenn Schläger und Arm hinter dem Rücken zum späteren Treffpunkt geführt werden. Der Ball wird mit der gleichen Fläche getroffen wie der Flugball-Vorhand.

## Aufschlag von unten

Bei Verletzung der Schlagschulter oder aus Sicherheitsgründen (besonders beim zweiten Aufschlag) erfolgt der Aufschlag manchmal auch von unten, wobei Aushol- und Schlagbewegung einer Pendelbewegung entsprechen.
Zur Überraschung des Gegners kann der Spieler auch von unten aufschlagen, ohne den Ball vorher hochzuwerfen.
Eine Variation des Aufschlags von unten, bei der man zunächst vortäuscht, von oben aufzuschlagen, kann in besonderem Maße als »Trickschlag« bezeichnet werden: Das Hochführen des

Balles sowie die Aushol-, Schlag- und Ausschwungbewegung gleichen der normalen Aufschlagbewegung; der Ball wird jedoch etwas höher geworfen und die Schlagbewegung erfolgt so frühzeitig, daß der Ball nicht getroffen wird. Der Schläger schwingt nach dem Ausschwung an der linken Körperseite wieder nach vorne und schlägt den Ball, der jetzt knapp über dem Boden ist, mit der Rückhandseite von unten in das gegnerische Feld.

## Aufschlag mit Rechtsdrall

Wenn ein Rechtshänder beim Aufschlag dem Ball einen Rechtsdrall gibt, dann will er den Gegner aufgrund der Richtung seiner Schlagbewegung verwirren und mit der Absprungrichtung des Balles (besonders bei glattem Boden) überraschen. Der Ball fliegt wie der Slice eines Linkshänders mit starkem Seitwärtsdrall. Dies gelingt dann, wenn der Schläger mit Easterngriff gefaßt wird und die Schlagbewegung in der Treffstrecke von rechts nach links erfolgt (Abb. 102).

## Schmetterball mit Rechtsdrall

Auch bei einem leicht zu schmetternden Ball kann der Gegner über Geschwindigkeit und Richtung des Schmetterballes getäuscht werden, indem der Ball mit Rechtsdrall und vom Schmetternden aus gesehen nach rechts wegfliegt und nicht in die vom Gegner erwartete Richtung, in die der Schlägerschwung erfolgte. Die Schlagbewegung erfolgt in Richtung Netz; unmittelbar vor dem Treffen des Balles wird der Arm jedoch so stark gedreht (Pronation), daß die Schlagfläche im Treffpunkt nach rechts zeigt und der Ball nach rechts wegfliegt.

# Der Tennis-Lehrplan. Die Erfolgsgarantie.

Der Tennislehrplan ist erarbeitet vom Deutschen Tennis-Bund (DTB). Er bietet umfassende Informationen für alle, die sich mit dem Erlernen, Lehren und Trainieren des Tennisspiels befassen.

**Band 1: Holzbrettspiel / Kindertennis**

Methodik, Holzbrettspiel als Einzel und Doppel, Kindertennis mit saitenbespanntem Schläger.

2., völlig neubearbeitete Auflage, 119 Seiten, 197 Fotos, 5 Bildserien, 131 Zeichnungen

**Band 2: Technik – Grundlagen**

Bewegungstheoretische Grundlagen, Schlagtechnik, Grundschläge in farbigen Bildserien mit idealtypischen Bewegungsabläufen.

5., völlig neubearbeitete Auflage (Neuausgabe), 95 Seiten, 129 Farbfotos, 32 s/w-Fotos, 74 Zeichnungen

**Band 3: Technik – Situationen und Variationen**

Schlagarten für das Wettkampf-Tennis, Beinarbeit, Bewegung auf dem Platz, Zusammenhänge zwischen Technik und Taktik.

5., völlig neubearbeitete Auflage (Neuausgabe), 95 Seiten, 278 Farbfotos, 8 s/w-Fotos, 51 Zeichnungen

**Band 4: Methodik**

Richtlinien für den optimalen Aufbau des Tennisunterrichts und spezielle Methodik der einzelnen Schlagtechniken.

3., völlig neubearbeitete Auflage (Neuausgabe), 107 Seiten, 96 Fotos, 53 Zeichnungen

**Band 5: Training und Wettkampf**

Leistungsanforderungen im Tennissport; Technik-, Taktik- und Konditionstraining, psychologisches Training, Wettkampfbetreuung, Sportverletzungen.

2., völlig neubearbeitete Auflage (Neuausgabe), 123 Seiten, 13 Fotos, 6 Bildserien, 66 Zeichnungen

## Gesundheit und Fitness für Tennisspieler

*blv sportwissen 404*

Karl Weber

**Tennis-Fitness**

Gesundheit, Training, Sportmedizin

Geschlossene Darstellung aller wesentlichen sportmedizinischen Erkenntnis speziell für Tennisspieler, medizinisches Grundlagenwissen, praktische Ratschläge zur Vermeidung und Behandlung von Sportverletzungen, Kondition, Ernährung.

158 Seiten, 15 Fotos, 70 Zeichnungen

In unserem Verlagsprogramm finden Sie Bücher zu folgenden Sachgebieten:

**Garten und Zimmerpflanzen · Natur · Haus- und Heimtiere · Angeln, Jagd, Waffen · Sport und Fitness · Pferde und Reiten · Wandern und Alpinismus · Auto und Motorrad · Essen und Trinken, Gesundheit · Basteln, Handarbeiten, Werken.**

Wünschen Sie Informationen, so schreiben Sie bitte an:
BLV Verlagsgesellschaft mbH
Postfach 40 03 20
8000 München 40

# BLV Verlagsgesellschaft München